KB005715

아시아 여행 5

1판 1쇄 2018년 2월 15일

저   자 Mr. Sun 어학연구소
펴 낸 곳 OLD STAIRS
출판 등록 2008년 1월 10일 제313-2010-284호
이 메 일 oldstairs@daum.net

가격은 뒷면 표지 참조
ISBN 978-89-97221-65-3

아시아 여행

영어
중국어
일본어
태국어
베트남어

목차
Table of contents

3 필수회화/단어

Pronunciation

1 큰 글씨, 작은 글씨

큰 글씨는 크게, 작은 글씨는 작고 **짧게** 읽습니다.

■ 작은 글씨는 목소리의 떨림을 사용하지 않는 무성음을 의미하기도 합니다.

영	두우	유우	해브ᵛ	어 커뤼이안 메뉴우?
	Do	you	have	a Korean menu?
	하다	너	가지고 있다	하나의 한국어의 메뉴판?

태	폼	떵 깐	율라암	크랍.
	ผม	ต้องการ	ล่าม	ครับ.
	나	필요하다	통역자	요.

베	또이	콤	히에우.
	Tôi	không	hiểu.
	나	부정	이해하다.

2 장음 기호

장음 기호가 붙은 글씨는 길게 읽습니다.

■ 장음 기호는 일본어 발음 표기에만 사용됩니다.

일	메-타-	오	츠칸테	쿠다사이.
	メーター	を	使って	ください。
	미터기	를	사용해	주세요.

3 위첨자

위첨자 f, r, v 등의 알파벳은 무시하셔도 좋습니다.
만약 f, r, v 표시를 발음하고 싶다면,
다음의 차이를 연습해 주세요.

| **f** | 파 | 윗입술과 **아랫입술**이 만나 소리를 냅니다. |
| | 파ᶠ | 윗입술 대신 **윗니와 아랫입술**이 만나 소리를 냅니다. |

| **r** | 라ʳ | 허끝이 **살짝 말릴 뿐**, 입천장에 닿지 않습니다. |
| | ㄹ라 | 허끝이 입천장 앞쪽에 **확실하게 닿습니다**. |

| **v** | 바 | 윗입술과 **아랫입술**이 만나 소리를 냅니다. |
| | 바ᵛ | 윗입술 대신 **윗니와 아랫입술**이 만나 소리를 냅니다. |

중	션ʳ 머 스ʳ 허우	따오	션ʳ 머 스ʳ 허우?
	shén me shí hòu	dào	shén me shí hòu?
	什么时候	到	什么时候?
	언제	까지	언제?

Airport check-in process

1 티켓 발권

2 짐 체크인
여권, 티켓 준비

3 환전, 로밍
신분증 준비

123
456
789
*0#

6

남는 시간 동안...
외부 면세점 면세품 수령 및
내부 면세점 쇼핑

5

출국장 입장
심사
여권준비

7

게이트 도착
여유 있게 도착

4

출국장 입장
보안검색대
음료 반입 ×
주머니 속 금속 ×

DUTY
FREE

GATE 12

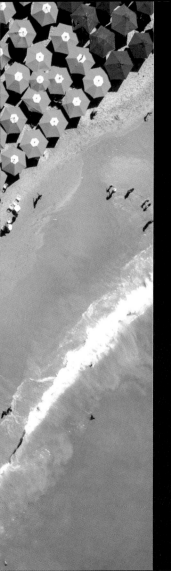

국외여행 노하우

■

공항 이용 절차

■

출입국신고서 · 세관신고서
작성하기

■

출발 전에 읽어야 할
국가별 주의사항

출입국신고서 · 세관신고서
작성하기

IMMIGRATION DEPARTMENT HONG K
香港入境事務處 IMMIG
ARRIVAL CARD 旅客抵港申報表
All travellers should complete this card except
Hong Kong Identity Card holders
除香港身份證持有人外, 所有旅客均須填寫此卡

Family name (in capitals) 姓 (請用

Given names (in capitals) 名 (請用正楷填寫)

旅行證件號碼

손짓, 발짓으로는 해결되지 않는 것이
출입국신고서와 세관신고서를 작성하는 일이다.

한국인이 주로 찾는 몇몇 국가의 출입국신고서 및 세관신고서에는
영문과 함께 한글이 실려 있는 경우도 있다.
그러나 한글이 함께 실려 있다고 해서 한글로 작성할 수 있는 것은 아니다.

출입국신고서와 세관신고서는 일반적으로 영문으로 작성한다.
혹시라도 잘못 작성하게 되면
입국절차에 문제가 생길 수 있으므로 유의해야 한다.
운 좋게 옆 사람의 도움을 받을 수 있다면 좋겠지만,
그렇지 않을 때를 대비해서 관련 표현들을 익혀 놓자.

나라마다 사용하는 표현이 조금 다르므로,
같은 의미의 표현 여러 개를 정리해 두었다.

출입국신고서	신고의 대상	세관신고서
사람	신고의 대상	물건
영문	작성	영문

출입국신고서 미리보기

Arrival Card

Last Name	**Passport Number(No.)**
Hong	MA - 11108887
First Name	**Nationality**
GilDong	South Korea
Date of Birth	**Male** ☑
81 / 05 / 22 YY/MM/DD	**Female** ☐

Address in the OOO

Abc Hotel, cebu

Purpose of Visit

Visit ☐

Sightseeing ☑

Business ☐

⋮

Occupation / Work

Farmer

Flight No.

aa 777

Signature of Passenger

출입국신고서

성

홍

이름

길동

출생한 날짜

81 / 05 / 22   연/월/일

여권 번호

MA - 11108887

국적

대한민국

| 남성 | ☑ |
| 여성 | ☐ |

현지에서 체류할 주소

Abc 호텔, 세부

방문의 목적

방문	☐
관광	☑
사업	☐

⋮

직업

농부

비행기 번호

aa 777

승객의 서명

港

세관신고서 미리보기

Customs Declaration

Last Name	**Passport Number(No.)**
Hong	MA - 11108887
First Name	**Passport Issued by**
GilDong	South korea
Date of Birth	**Country of Residence**
22 / 05 / 81 DD/MM/YY	South korea

Address in the OOO

Abc Hotel, cebu

The primary purpose of
this trip is business.　　　Yes ☐　No ☑

I am(We are) bringing

(a) fruits, plants, food, insects:　　Yes ☐　No ☑
(b) meat, animals, animal/wildlife products:　Yes ☐　No ☑
(c) disease agents, cell cultures, snails:　Yes ☐　No ☑
(d) soil or have been on a farm/ranch:　Yes ☐　No ☑

I am(We are) carrying currency
or monetary instruments　　　　Yes ☐　No ☑
over $10,000 U.S or foreign equivalent:

Date(day/month/year)	Signature of passenger
31 / 12 / 17	洪

세관신고서

성 홍	여권 번호 MA - 11108887
이름 길동	여권 발행국가 대한민국
출생한 날짜 22 / 05 / 81 일/월/연	거주 국가 대한민국

현지에서 체류할 주소

Abc 호텔, 세부

이번 여행의 일차적 목적은 사업입니다.   네☐ 아니오☑

나(우리)는 다음의 물건을 휴대하고 있습니다.

(a) 과일, 식물, 식품, 곤충: 네☐ 아니오☑
(b) 고기, 동물, 동물/야생생물 제품: 네☐ 아니오☑
(c) 병원체, 세포 배양물, 달팽이: 네☐ 아니오☑
(d) 흙 또는 농장/목장에 다녀왔음: 네☐ 아니오☑

나(우리)는 미화 1만 달러 이상
또는 그에 상당한 외화금액의 통화   네☐ 아니오☑
또는 금전적 수단을 소지하고 있음:

날짜(일/월/연)	승객의 서명
31 / 12 / 17	洪

반드시 알아야 할 단어들

성명

Family name
가족   이름
패f멀리 네임
성

Last name
마지막   이름
올래스트 네임

Surname
성
써r네임

First name
첫 번째   이름
퍼f스트 네임
이름

Given name
주어진   이름
기븐v 네임

Middle name
중간   이름
미들 네임
미들 네임

한국인에게는 미들네임이 없으므로 비워두자.

성별

Gender
성별
젠더r
성별

Male
남성
메일
남성

Female
여성
피f이메일
여성

국적

Nationality
국적

내셔널리티

국적

Citizenship
시민권

쓰이티즌쉬프

Place of birth
장소 ～의 출생

플레이스 어브v
버어r뜨th

출생지

Country of residence
국가 ～의 거주

컨트뤼 어브v
뤠즈이던스

거주국

Country of first departure
국가 ～의 첫 번째 출발

컨트롸이 어브v
퍼f어r스트 디파아r쳐r

출발국

보통 '국적, 출생지, 거주국, 출발국'은 한국이다.

날짜

Year
연

이이어r

연

Month
월

먼뜨th

월

Day
일

데이

일

Date of birth
날짜 ～의 출생

데이트 어브v 버어r뜨th

출생일

영어로는 보통 '일, 월, 연'의 순서로 사용한다.

연락처

Contact number
접촉　　　번호
컨택트 넘버「

연락처

해외에서 본인의 휴대전화번호를 적을 때는
010 대신 8210을 붙여준다.

E-mail address
이메일　　주소
이이메일 어드뤠스

이메일
주소

Address in the Philippines
주소　　　　필리핀에서
어드뤠스 인 더th
필f리핀즈

머물 곳의
주소

Intended address in China
의도된　　　주소　　　중국에서
인텐디드 어드뤠스 인
차이나

항공 · 여권 · 비자

Flight number
비행　　　번호
플f라이트 넘버「

항공기 번호

Passport number
여권　　　　번호
패스포어「트 넘버「

여권 번호

Visa number
비자　　번호
비v이즈아 넘버「

비자 번호

Place of issue
장소　　～의　　발행
플레이스 어브v 이쓔우

비자 발급지

Date of issue
날짜　　～의　　발행
데이트 어브v 이쓔우

비자 발행일

'여행 혹은 방문의 목적'은 여러 개의 항목 중 하나를 선택해 표시한다. 보통은 '관광, 사업, 친지 방문' 중 하나를 선택한다. 관광이나 사업이라고 하면 묵게 될 호텔 주소를, 친지 방문이라고 하면 친지의 주소를 요구받을 수 있다.

여행 · 방문의 목적

Purpose of travel 목적 ～의 여행	퍼어「퍼스 어브ᵛ 트뤠블ᵛ	**여행의 목적**
Purpose of visit 목적 ～의 방문	퍼어「퍼스 어브ᵛ 비ᵛ지트	**방문의 목적**
Check one only 체크 하나 오직	췌크 원 오운리	**하나만 체크**
Sightseeing 관광	싸이트씨잉	**관광**
Vacation 휴가	베ᵛ이케이션	**휴가**
Business 사업	비지니스	**사업**
Signature of passenger 서명 ～의 승객	쓰이그너쳐「 어브ᵛ 패쓰인져「	**승객의 서명**
For official use only ～위한 관공서 사용 오직 출입국심사소나 세관에서 사용하는 칸으로 비워두어야 한다.	포「어「 어피ᶠ셜 유우즈 오운리	**공항 직원 사용 칸**

나의 신고서 작성하기

Arrival Card

Last Name	Passport Number(No.)
First Name	Nationality
Date of Birth YY/MM/DD	Male ☐ Female ☐

Address in the OOO

Purpose of Visit Visit ☐ Sightseeing ☐ Business ☐ ⋮	Occupation / Work Flight No. Signature of Passenger

Customs Declaration

Last Name	Passport Number(No.)
First Name	Passport Issued by
Date of Birth DD/MM/YY	Country of Residence

Address in the OOO

The primary purpose of this trip is business.	Yes ☐ No ☐

I am(We are) bringing

(a) fruits, plants, food, insects:	Yes ☐ No ☐
(b) meat, animals, animal/wildlife products:	Yes ☐ No ☐
(c) disease agents, cell cultures, snails:	Yes ☐ No ☐
(d) soil or have been on a farm/ranch:	Yes ☐ No ☐

I am(We are) carrying currency or monetary instruments over $10,000 U.S or foreign equivalent:	Yes ☐ No ☐

Date(day/month/year)	Signature of passenger

23

출발 전에 읽어야 할 국가별 주의사항

중국 |

● 손가락질 하지 않기

우리나라에서도 손가락질은 예의 없는 행동이지만, 중국에서는 더
무례한 행동이다. 주로 싸울 때 손가락질을 하기 때문이다.

● 신호등은 너무 믿지 말기

횡단보도 신호가 바뀌었다고 바로 건너는 것은 위험할 수 있다. 주위
에 차가 오는지 반드시 살피고 나서 건너야 한다.

● 현금 위주로 준비하기

중국인들은 현금을 선호하기 때문에 상점에서도 카드를 받지 않는
경우가 많다. 그래서 현금 위주로 사용하고 신용카드는 비상용
으로 두는 것이 좋다. 만약 카드로 계산하고 싶으면 먼저 카드를
받는지 물어봐야 한다.

● 흥정은 필수!

현지인도 어수룩해 보이면 바가지를 쓰는데, 하물며 외국인은 더 말할 것도 없다. 여러 가게에서 흥정하다 보면, 물건의 시세도 알 수 있고 더 저렴하게 살 수 있다.

● 택시를 탈 때는 미리 잔돈을 준비하기

만약 택시 요금으로 100위안짜리 지폐를 내민다면, 택시기사는 이 돈을 순식간에 위조지폐로 바꿔치기한 후 되돌려줄지도 모른다. 그리고는 '위조지폐라 받을 수 없다'고 말할 것이다. 이런 일이 발생할 경우 추가로 다른 100위안짜리 지폐를 내밀지 말아야 한다.

● 샹차이는 미리 빼달라고 하기

우리말로 고수풀이라고 하는 '샹차이'는 중국인이 아주 좋아하는 풀이다. 향이 매우 강하고 낯설기 때문에 주의해야 한다.

● 물은 직접 갖고 다니기

중국 식당에서 주는 물은 보통 수돗물이다. 수돗물에는 석회질이 많으므로 될 수 있으면 생수를 구비하는 것이 좋다.

● 찬물은 잠시 포기하기

중국 사람들은 건강에 좋지 않기 때문에 찬물을 잘 마시지 않는다. 그래서 한여름에도 식당에서 뜨거운 물을 준다.

● 어댑터 준비하기

중국은 우리와 같은 220v 전압을 사용하지만, 동그란 콘센트와 삼지창 모양의 콘센트 둘 다 사용한다. 그러나 간혹 삼지창 모양 콘센트밖에 없는 곳도 있으므로 어댑터를 준비하는 것이 좋다.

출발 전에 읽어야 할 국가별 주의사항

일본 |

● 좌측통행하기

우리나라와 달리 일본은 왼쪽으로 다닌다. 특히 에스컬레이터를
탈 때 한 줄로만 서고 오른쪽은 비워 둬야 한다.

● 길에서는 금연하기

일본이 흡연자의 천국이라고 불리긴 하지만 길거리 흡연은 엄연히
불법이다. 흡연은 꼭 지정된 장소에서만 해야 한다.

● 대중교통 이용 시 전화하지 않기

대부분의 일본 사람들은 타인에게 폐 끼치는 것을 좋아하지 않는다.
그 때문에 지하철이나 버스 안에서는 전화 통화도 하지 않을뿐더러
일행끼리 대화도 작은 목소리로 하는 편이다.

택시는 가능한 한 피하기

일본의 택시비가 비싸다는 건 이미 널리 알려진 사실이다. 따라서 정말 급한 상황이 아니면, 택시를 이용하지 않는 편이 좋다.

현금 위주로 준비하기

뜻밖에 카드 계산이 되지 않는 가게들이 많다. 그래서 신용카드는 비상용으로 사용하고, 현금을 넉넉히 들고 다니는 것이 좋다. 카드로 계산하고 싶으면, 먼저 카드를 받는지 물어봐야 한다.

돈은 바구니에 올려놓기

은행에서 사용하는 바구니가 가게 계산대에 놓여 있는 것을 보았다면, 돈은 종업원의 손에 건네지 말고, 바구니 위에 올려두면 된다. 이는 받은 돈과 거스름돈을 정확하게 손님에게 보여주기 위함이라고 한다. 카드도 그냥 바구니에 두면 된다.

반찬은 추가금액 내기

식사에 기본적으로 반찬이 포함되어 있는 우리나라와 다르게, 일본은 반찬을 추가해야 하며, 물론 추가금액이 발생한다.

돼지코 준비하기

일본에서는 110v 전압에 11자 형 콘센트를 사용하기 때문에, 돼지코 어댑터를 준비하는 것이 좋다.

상점의 전기는 쓰지 않기

우리나라에서는 카페나 식당에서 휴대폰 충전을 하는 것이 흔한 경우인데, 일본은 그렇지 않다. 가게의 전기는 그 가게의 재산이라는 인식이 있기 때문이다. 따라서 보조배터리를 챙기는 편이 좋다.

출발 전에 읽어야 할 국가별 주의사항

태국 |

● 태국은 입헌군주제

태국은 입헌군주제 국가이며, 왕실의 권위가 꽤 높은 편이다. 태국의
지폐엔 국왕의 얼굴이 그려져 있는데, 이를 훼손하거나 밟는 것은
왕을 모욕하는 범죄가 된다. 또한, 왕을 비방하는 것 역시 불법이
며, 태국 사람들의 정서에 크게 반하는 행동이니 주의해야 한다.

● 사원에서 단정한 옷차림은 필수

사원이나 궁전을 방문할 때는 옷차림을 단정하게 해야 한다. 사원
방문 시, 민소매나 짧은 바지를 착용할 경우 입장을 거절당할 수
있다. 게다가 왕궁은 사원보다 옷차림 규제가 더 까다롭다. 민소
매, 배꼽티, 찢어진 청바지, 심지어 슬리퍼도 입장 금지의 사유가
되니 주의하자.

● 왼손은 잠시 넣어두기

왼손은 '화장실에서 볼일 볼 때 사용하는 손'이라는 인식이 있다. 그 때문에 돈이나 물건을 주고받을 때 오른손을 사용하는 것이 에티켓이다.

● 머리 만지지 않기

태국 사람들은 머리에 혼이 들어있고, 누군가 머리를 만지면 혼이 떠나가 불행이 닥칠 거라 믿는다. 이 때문에 아이가 귀엽다고 무심코 머리를 쓰다듬으면 큰 싸움으로 번질 수 있다.

● 휴지는 직접 갖고 다니기

태국 화장실에는 휴지가 없을 수도 있다. 뒤처리를 휴지 대신 물로 해결하는 경우가 많기 때문인데, 이런 문화에 적응하기 힘들다면 휴지를 꼭 챙겨 다니자.

● 식수는 구입하기

태국 수돗물에는 석회질이 많아서 태국 사람들도 물을 사 먹는 편이다. 따라서 생수 시장 규모가 큰 편으로 브랜드도 다양하다. Nestle나 AURA, Mont Fleur 등에서 나오는 광천수가 유명하고 품질도 좋으니 참고하도록 하자.

● 전자담배는 가져가지 않기

태국은 흡연을 엄격하게 규제하고 있는 나라다. 특히 전자담배는 사용은 물론 소지 자체가 불법이기 때문에 가져가지 말자. 일반 담배는 1인당 200개비(1보루)까지 소지할 수 있다. 이를 위반할 경우 소지하고 있는 담배 수량에 비례하여 벌금이 부과되는데 생각보다 벌금이 꽤 비싼 편이다.

출발 전에 읽어야 할 국가별 주의사항
베트남 |

● 일찍 일찍 다니기

베트남 사람들은 새벽 일찍부터 하루를 시작한다. 그 때문에 상점의 개점 시각이 이른 편이지만, 그만큼 상점 문도 빨리 닫는다. 오후 8시 쯤에는 대부분 가게가 문을 닫으니 필요한 것은 미리미리 구매해 두는 것이 좋다.

● 소매치기 주의하기

세계 어느 곳에 가더라도 외국인은 소매치기를 당하기 쉽다. 사람 많은 곳에 갈 때 귀중품은 가져가지 않는 것이 좋으며, 길거리에서 휴대폰이나 지갑을 꺼내는 행동은 위험할 수 있다. 베트남은 오토바이를 이용한 소매치기가 많으므로 돈도 잃고 부상을 입을 수도 있으니 항상 주변을 살펴야 한다.

• 오토바이 조심하기

오토바이가 매우 많으므로 차도는 물론 인도에서도 안전에 유의하자.
신호등이 파란 불이어도 반드시 주변을 살핀 뒤 건너야 한다.

• 택시요금에 유의하기

택시 기본요금이 지역과 차종에 따라 다르며, 미터기가 올라가는 속도
또한 제각각이다. 간혹 미터기가 비정상적으로 빠르게 올라가는 경
우가 있으므로 유심히 살펴야 한다.

• 환전은 현지에서 하기

여행사, 호텔 등에서 달러화 사용이 가능하다. 참고로, 한국에서 원화를
베트남 동화로 환전하면 환전 수수료가 많이 든다. 따라서 현지에서
환전하는 것이 유리하다.

• 환전은 조금씩, 쓸 만큼만

달러화를 베트남 동화로 환전하기는 쉽지만, 반대로 동화를 달러화로
환전하는 것은 어렵다. 그리고 가능하다고 해도 큰 손해를 봐야 한다.

• 손상된 지폐는 거절하기

베트남 상인들은 손상된 지폐를 받지 않는다. 단지 귀퉁이가 조금
찢어졌을 뿐인데도 거절한다. 따라서 우리도 이러한 지폐를 거절
해야만 한다. 만약 이러한 지폐를 받는다면 결국 휴지통에 버리게
될 것이다.

• 물은 직접 갖고 다니기

대부분의 식당에서는 물 대신 차를 제공한다. 생수를 달라고 하면
수돗물을 줄 수도 있으니 생수를 사서 마시는 것이 좋다.

일상표현

비상상황

비 행

교통 (길 찾기)

숙 박

식 사

쇼 핑

관 광

PART 01

일상표현

공공장소에서는 조용히

일본에서는 공공장소에서
큰 소리로 떠들거나 전화통화를 하는 것은
남에게 피해를 주는 행동이라는
인식이 있습니다.

그래서 지하철이나 버스 안에서
전화 통화를 하는 사람은 드물고,
일행과의 대화도
매우 조용하게 이루어집니다.

1
안녕하세요.
안녕.

영

헬로우. / 하이.
Hello. / Hi.
안녕하다. / 안녕.

일

도오모.
どうも。
참으로.

베

씬 짜오.
Xin chào.
안녕하세요. / 안녕.

태

사왓 디 *크랍. *여자는 ครับ(크랍) 대신 ค่ะ(카)를 사용
สวัสดี ครับ.
안녕 요.

중

니 하오.
nǐ hǎo.
你 好.
너 좋다.

34

2

환영합니다.

Welcome

웰컴.
Welcome.
환영합니다.
영

요오코소.
ようこそ。
환영합니다.
일

짜오 반.
Chàomừng bạn.
환영하다 너.
베

인디 떤 랍.
ยินดี ต้อนรับ.
기쁘다 환영하다.
태

환 잉.
huān yíng.
欢迎.
환영하다.
중

안녕하세요.
[오전]

영

구드 모어닝.
Good morning.
좋은 아침.

일

오하요오.
おはよう。
안녕하세요 아침.

베

짜오 부오이 쌍.
Chào buổi sáng.
안녕하세요 아침.

태

사왓 디 (떤 차우) *크랍. *여자는 ครับ(크랍) 대신 ค่ะ(카)를 사용
สวัสดี (ตอนเช้า) ครับ.
안녕 (아침에) 요.

중

자오 샹 하오.
zǎo shang hǎo.
早上 好.
아침 좋다.

36

1 일상 표현

4
안녕하세요.
[오후]

구ㄷ 애ㅍ터「누운.
Good afternoon.
좋은 오후.

영

콘니치와.
こんにちは。
안녕하세요 **오후**.

일

짜오ㅣ부오이 쯔어.
Chào ㅣ buổi trưa.
안녕하세요ㅣ점심.

베

*여자는 คะ(크랍) 대신 คะ(카)를 사용 사왓 디 (떤 바이) ㅣ*크랍.
สวัสดี (ตอนบ่าย) ㅣ ครับ.
안녕 (오후에) ㅣ 요.

태

씨아 우ㅣ하오.
xià wǔ ㅣ hǎo.
下午ㅣ好.
오후ㅣ좋다.

중

37

5
안녕하세요.
[저녁]

영 구드 이이브닝.
Good evening.
좋은 저녁.

일 콤방와.
こんばんは。
안녕하세요 저녁.

베 짜오 부오이 또이.
Chào buổi tối.
안녕하세요 저녁.

태 사왓 디 (떤 얜) *크랍. *여자는 ค่ะ(크랍) 대신 ค่ะ(카)를 사용
สวัสดี (ตอนเย็น) ครับ.
안녕 (저녁에) 요.

중 완 샹 하오.
wǎn shang hǎo.
晚上 好.
저녁 좋다.

38

6

잘 자.

구드 나이트.
Good night.
좋은 밤.
영

오야스미.
おやすみ。
잘 자.
일

쭉 ㅣ 응우 ㅣ 응온.
Chúc ngủ ngon.
원하다 ㅣ 자다 ㅣ 잘.
베

판 ㅣ 디.
ฝัน ㅣ ดี.
꿈 ㅣ 좋다.
태

완 안.
wǎn ān.
晚安.
잘 자.
중

7
어떻게 지내요?

영
하우 아「 유우?
How are you?
어떻게 이다 너?

일
오겡키 데스카?
お元気 ですか?
건강함 입니까?

베
반 코애 콤?
Bạn khỏe không?
너 건강한 부정?

태
쿤 뺀 양 응아이 바앙 크랍?
คุณ เป็น อย่างไร บ้าง ครับ?
당신 이다 어떻게 조금 요?

중
니 꾸어 더 전 머 양?
nǐ guò de zěn me yàng?
你 过 得 怎么样?
너 지내다 ~하는 게 어떻다?

8

저는 잘 지내요.

아이 앰 구드. / 아이 앰 오우케이.
I am good. / I am ok.
나 이다 좋은. / 나 이다 괜찮은.
영

와타시 와 겡키 데스.
私 は 元気 です。
나 는 건강함 입니다.
일

또이 온.
Tôi ổn.
나 괜찮은.
베

---

*여자는 ครับ(크랍) 대신 ค่ะ(카)를 사용 **폼 싸 바이 디 *크랍.**
ผม สบาย ดี ครับ.
나 편안하다 좋다 요.
태

워 헌 하오.
wǒ hěn hǎo.
我 很 好.
나 매우 좋다.
중

41

9
저는
철수입니다.

영

아이 앰 철수. / 마이 네임 이즈 철수.

I am 철수. / My name is 철수.

나 이다 철수. / 나의 이름 이다 철수.

일

와타시 와 철수 데스.

私 は 철수 です。

나 는 철수 입니다.

베

또이 라 철수. / 뗀 또이 라 철수.

Tôi là 철수. / Tên tôi là 철수.

나 이다 철수. / 이름 나 이다 철수.

태

폼 츠으 철수 *크랍. *여자는 ครับ(크랍) 대신 ค่ะ(카)를 사용

ผม ชื่อ 철수 ครับ.

나 이름 철수 요.

중

워 쨔오 철수.

wǒ jiào 철수.

我 叫 철수.

나 부르다 철수.

10
성함이
어떻게 되세요?

왓 이즈 유어「네임?
What is your name?
무엇 : 이다 : 너의 이름?

오나마에 와 난 데스카?
お名前 は 何 ですか?
성함 : 은 : 무엇 : 입니까?

뗀 꾸어 반 라 지?
Tên của bạn là gì?
이름 : ~의 : 너 : 이다 : 무엇?

쿤 츠으 아 라이 크랍?
คุณ ชื่อ อะไร ครับ?
당신 : 이름 : 무엇 : 요?

칭 원 닌 꿰이 씽?
qǐng wèn nín guì xìng?
请 问 您 贵姓?
부탁하다 (존칭) : 묻다 : 당신 : 성씨?

11
다음에 만나요.

영
쓰이 ㅣ 유우 ㅣ 을레이터ᵣ.
See ㅣ you ㅣ later.
보다 ㅣ 너 ㅣ 나중에.

일
마타 ㅣ 아이 ㅣ 마쇼오.
また ㅣ 会い ㅣ ましょう。
다시 ㅣ 만남 ㅣ 합시다.

베
헨 ㅣ 갑 ㅣ 라이.
Hẹn ㅣ gặp ㅣ lại.
약속하다 ㅣ 보다 ㅣ 다시.

태
쩌어 ㅣ 깐 ㅣ *크랍. *여자는 ครับ(크랍) 대신 ค่ะ(카)를 사용
เจอ ㅣ กัน ㅣ ครับ.
만나다 ㅣ 같이 ㅣ 요.

중
씨아 츠 ㅣ 찌엔.
xià cì ㅣ jiàn.
下次 ㅣ 见.
다음에 ㅣ 보다.

44

12

잘 가!

바이!
Bye!
잘 가요!

영

쟈아네!
じゃあね!
그럼!

일

땀 비엣!
Tạm biệt!
잘 가요!

베

을라 껀!
ลาก่อน!
먼저 실례합니다!

태

만 저우! / 짜이 찌엔!
màn zǒu! / zài jiàn!
慢走! / 再见!
천천히 가다! / 또 보다!

중

45

13
좋은 하루
보내시길.

영

해브ᵛ 어 구드 데이.

Have a good day.

가지다 하나의 좋은 하루.

일

요이 이치니치 오!

良い 一日 を!

좋은 하루 를!

베

쭉 반 응아이 머이 똣 란.

Chúc bạn ngày mới tốt lành.

원하다 너 날 새로운 좋은.

태

커어 하이 쿤 초옥 디.

ขอ ให้ คุณ โชค ดี.

원하다 주다 당신 운 좋다.

중

쮜「 니 이 티엔 위 콰이.

zhù nǐ yì tiān yú kuài.

祝 你 一天 愉快.

기원하다 너 하루 즐겁다.

14

실례합니다.

익쓰큐우즈 미이.

Excuse me.

양해하다 나.

시츠 레에 시 마스. / 아노, 스미마셍.

失礼 し ます。 / あの、 すみません。

실례 함 합니다. / 저, 미안합니다.

씬 로이.

Xin lỗi.

미안하다.

커 토옷 크랍.

ขอโทษ ครับ.

미안하다 요.

다 라오 이 씨아.

dǎ rǎo yí xià.

打扰 一下.

방해하다 좀 ~하다.

먼저 하세요.

영

플리이즈.
Please.
부탁합니다.

일

도오조.
どうぞ。
부탁합니다.

베

씬 ᵛ부이 롱.
Xin vui lòng.
~해주세요.

태

커어 러엉.
ขอร้อง.
제발.

중

칭.
qǐng.
请.
부탁하다 준칭.

48

16

고맙습니다.

땡thㅋ **유우.**
Thank you.
감사하다 너.

아리가토오 고자이마스.
ありがとう ございます。
고맙습니다.

깜 언 반.
Cảm ơn bạn.
감사하다 너.

컵 쿤 크랍.
ขอบคุณ ครับ.
감사하다 요.

씨에 시에.
xiè xie.
谢谢.
고맙습니다.

49

17

괜찮아요.

영
노우, 땡th쓰.
No, thanks.
아니, 고맙다.

일
켁코오 데스.
結構 です。
괜찮음 입니다.

베
콤, 깜언.
Không, cám ơn.
부정, 감사하다.

태
마이 뺀 라이 크랍.
ไม่เป็นไร ครับ.
괜찮다 요.

중
메이 여우, 씨에 시에. / 부 융.
méi yǒu, xiè xie. / bú yòng.
没有, 谢谢. / 不用.
없다. 고맙다. / 필요 없다.

50

18

미안해요.

아이 | 앰 | 싸아뤼.
I | am | sorry.
나 | 이다 | 미안한.

영

스미마셍.
すみません。
미안합니다.

일

또이 | 씬 로이.
Tôi | xin lỗi.
나 | 미안하다.

베

폼 | 커 토옷 | 크랍.
ผม | ขอโทษ | ครับ.
나 | 미안하다 | 요.

태

뛰이 부 치.
duì bu qǐ.
对不起.
미안합니다.

중

51

그것 참 안됐네.

영

대앳 이즈 투우 배드.
That is too bad.
그것 이다 너무 나쁜.

일

잔넨 다.
残念 だ。
유감 이다.

베

또이 젓 띠엑.
Tôi rất tiếc.
나 매우 미안하다.

태

예 짱.
แย่ จัง.
안 좋다 강조.

중

워 헌 이 한.
wǒ hěn yí hàn.
我 很 遗憾.
나 매우 유감이다.

52

20

괜찮아요?

아 유우 오우케이?
Are you okay?
이다 너 괜찮은?
영

다이죠오부 데스카?
大丈夫 ですか?
괜찮음 입니까?
일

반 꺼 온 콤?
Bạn có ổn không?
너 긍정 괜찮은 부정?
베

뺀 아 라이 마이 크랍?
เป็น อะไร ไหม ครับ?
되다 무엇 의문 요?
태

니 하이 하오 마?
nǐ hái hǎo ma?
你 还 好 吗?
너 그만하면 좋다 의문?
중

도와 드릴까요?

21

영

캔 아이 헬프 유우?
Can I help you?
할 수 있다 나 돕다 너?

일

오테츠다이 시 마쇼오카?
お手伝い し ましょうか?
도움 함 할까요?

베

또이 꺼 테 쥽 반 콤?
Tôi có thể giúp bạn không?
나 가능하다 돕다 너 부정?

태

미 아 라이 하이 추아이 마이 크랍?
มี อะไร ให้ ช่วย ไหม ครับ?
있다 무엇 주다 돕다 의문 요?

중

쒸 야오 빵 망 마?
xū yào bāng máng ma?
需要 帮忙 吗?
필요하다 돕다 의문?

54

22

조심해!

비이 케어「플f.
Be careful.
되다 | 조심하게.
영

키오츠케테.
気をつけて。
조심해.
일

하이 껀 턴.
Hãy cẩn thận.
권유 | 조심하다.
베

라 왕!
ระวัง!
조심하다!
태

샤오 씬.
xiǎo xīn.
小心.
조심해.
중

55

잠시만요.

영	웨잇 ㅣ 어 모우멘트 ㅣ 플리이즈. Wait ㅣ a moment ㅣ please. 기다리다 ㅣ 하나의 순간 ㅣ 부탁합니다.
일	쇼오쇼오 ㅣ 오마치 ㅣ 쿠다사이. 少々 ㅣ お待ち ㅣ ください。 잠깐 ㅣ 기다림 ㅣ 주세요.
베	씬 ᵛ부이 롱 ㅣ 쩌 ㅣ 쫑 ㅣ 져이 랏. Xin vui lòng ㅣ chờ ㅣ trong ㅣ giây lát. ~해주세요 ㅣ 기다리다 ㅣ ~안에 ㅣ 잠시.
태	뻽능 ㅣ 크랍. แป๊บนึง ㅣ ครับ. 잠깐만 ㅣ 요.
중	쌰ᵛ오 ㅣ 덩 ㅣ 이 씨아. shāo ㅣ děng ㅣ yí xià. 稍 ㅣ 等 ㅣ 一下. 잠시 ㅣ 기다리다 ㅣ 좀 ~하다.

24

천만에요.

유우 아 웰컴.
You are welcome.
너 이다 환영하다.

영

도오이타시마시테.
どういたしまして。
천만에요.

일

콤 꺼 지.
Không có gì.
아무것도 **부정**.

베

도아이 쾀 인디 크랍.
ด้วย ความยินดี ครับ.
함께 기쁨 요.

태

부 융 씨에.
bú yòng xiè.
不用 谢.
필요 없다 감사하다.

중

57

맞아요.

영
예쓰.
Yes.
맞다.

일
하이.
はい。
맞아요.

베
둥 | 조이.
Đúng | rồi.
옳다 | 이미.

태
차이 | 크랍.
ใช่ | ครับ.
그럼 | 요.

중
뛰이.
duì.
对.
맞다.

58

26

물론이죠.

슈어⌐. / 어ᵇ 코어⌐스.
Sure. / Of course.
물론이죠.

영

모치론 데스.
もちろん です。
물론 입니다.

일

짝 짠 조이. / 떳 니엔.
Chắc chắn rồi. / Tất nhiên.
확신하다 이미. / 물론.

베

크랍.
ครับ.
네.

태

땅 란 을러.
dāng rán le.
当然 了。
물론이다 감탄.

중

59

27
알겠어요.
그럴게요.

영
오우케이.
Okay.
좋다.

일
이이 데스.
いい です。
좋다 입니다.

베
또이 히에우 조이.
Tôi hiểu rồi.
나 보다 이미.

태
크랍.
ครับ.
네.

중
하오.
hǎo.
好.
좋다.

29

괜찮아요.

잇츠 오우케이.
It's okay.
이것은 ~이다 · 괜찮은. 영

다이죠오부 데스.
大丈夫 です。
괜찮음 · 입니다. 일

너 온.
Nó ổn.
그것 · 괜찮다. 베

마이 뺀 라이 크랍.
ไม่เป็นไร ครับ.
괜찮다 · 요. 태

메이 꽌 시.
méi guān xi.
没关系.
괜찮다. 중

저도 그래요.

영

미이 투우.
Me too.
나에게 | 역시.

일

와타시 모 소오 데스.
私 も そう です。
나 도 그렇게 입니다.

베

또이 꿍 ⱽ버이.
Tôi cũng vậy.
나 역시.

태

폼 도아이.
ผม ด้วย.
나 ~도.

중

워 예 쓰ʳ.
wǒ yě shì.
我 也 是.
나 도 그렇다.

62

30

마음에 들어요.

아이 을라이크 이트.
I like it. 영
나 좋아하다 이것.

키 니 이리 마스.
気 に 入り ます。 일
마음 에 들음 합니다.

또이 틱 너.
Tôi thích nó. 베
나 좋아하다 그(것).

처업 크랍.
ชอบ ครับ. 태
좋다 요.

워 시 환 타.
wǒ xǐ huān tā. 중
我 喜欢 它.
나 좋아하다 그것.

63

아니에요.

영
노우.
No.
아니다.

일
이이에.
いいえ。
아닙니다.

베
콤.
Không.
아니오.

태
마이 크랍.
ไม่ ครับ.
아니 요.

중
부 쓰「. / 부 뛰이.
bú shì. / bú duì.
不是. / 不对.
아니다.

난 이거 싫어요.

아이 도온트 을라이크 이트.
I don't like it.
나 부정 좋아하다 그것.
영

소레 와 이야 데스.
それ は 嫌 です。
그것 은 싫음 입니다.
일

또이 콤 틱 너.
Tôi không thích nó.
나 부정 좋아하다 그(것).
베

마이 처업 크랍.
ไม่ ชอบ ครับ.
부정 좋다 요.
태

워 뿌 시 환.
wǒ bù xǐ huān.
我 不 喜欢.
나 부정 좋아하다.
중

65

33
그건
필요 없어요.

영

아이 도온트 니이드 이트.
I don't need it.
나 [부정] 필요하다 그것이.

일

소레 와 이리 마셍.
それ は 要り ません。
그것 은 필요함 하지 않습니다.

베

또이 콤 껀 너.
Tôi không cần nó.
나 [부정] 필요하다 그(것).

태

폼 마이 떵 깐 크랍.
ผม ไม่ ต้องการ ครับ.
나 [부정] 필요하다 요.

중

워 뿌 쒸 야오.
wǒ bù xū yào.
我 不 需要.
나 [부정] 필요하다.

34
나는 그렇게
생각 안 해요.

아이 도온트 띵th크 쏘우.
I don't think so.
나 [부정] 생각하다 그렇게.

영

와타시 와 소오 오모이 마셍.
私 は そう 思い ません。
나 는 그렇게 생각 하지 않습니다.

일

또이 콤 응이 테.
Tôi không nghĩ thế.
나 [부정] 생각하다 그렇게.

베

폼 마이 킷 야앙 난 크랍.
ผม ไม่ คิด อย่างนั้น ครับ.
나 [부정] 생각하다 그렇게 요.

태

부 쓰「 바.
bú shì ba.
不是 吧.
아니다 [추측].

중

67

35

부탁합니다.

영	플리이즈. Please. 부탁합니다.
일	오네가이 시 마스. お願い し ます。 부탁 함 합니다.
베	람 언. Làm ơn. ~해주세요.
태	커 렁 크랍. ขอร้อง ครับ. 제발 요.
중	빠이 투어. bài tuō. 拜托. 부탁해.

36
이거 왜 이래!
너무하잖아!

오우 컴 어언!
Oh~ Come on!
오~ 와라!

영

죠오단 데쇼오!
冗談 でしょう!
농담 이겠지요!

일

토이 나오!
Thôi nào!
그만 됐다!

베

호~, 만 끄은 바이 르으 쁠라우?
โฮ่~, มัน เกินไป หรือเปล่า?
오~, 그건 너무하다 아닌가요?

태

타이 꾸어 펀f 을러 바!
tài guò fèn le ba!
太 过分 了 吧!
너무 지나치다 감탄 의문!

중

69

우와.

영

와우.
Wow.
우와.

일

우와.
うわ。
우와.

베

와.
oa.
우와.

태

와우.
ว้าว.
우와.

중

와.
wa.
哇.
와.

_38_

맞아요.
바로 그거예요.

예쓰.
Yes.
맞다.

영

하이. / 소오 데스.
はい。/ そう です。
맞아요. / 그렇게 입니다.

일

ᵛ벙. / 둥 조이.
Vâng. / Đúng rồi.
네. / 옳다 이미.

베

차이 크랍.
ใช่ ครับ.
맞다 요.

태

찌우 쓰 나 거.
jiù shì nà ge.
就 是 那个.
바로 이다 저것.

중

71

39

누구?

영	**후우?** Who? 누구?	
일	**다레?** 誰? 누구?	
배	**아이?** Ai? 누구?	
태	**크라이?** ใคร? 누구?	
중	**쉐이?** shuí? 谁? 누구?	

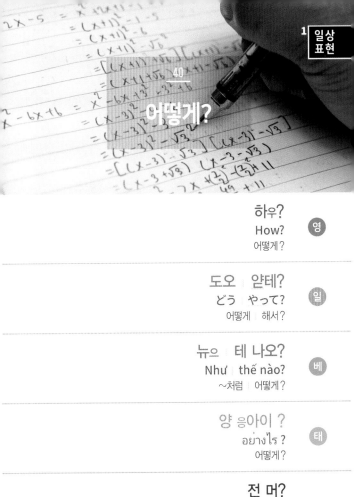

40
어떻게?

하우?
How?
어떻게?

영

도오 · 얕테?
どう · やって?
어떻게 · 해서?

일

뉴으 · 테 나오?
Như · thế nào?
~처럼 · 어떻게?

베

양 · 응아이 ?
อย่างไร ?
어떻게?

태

전 머?
zěn me?
怎么?
어떻게?

중

41

왜?

영
와이?
Why?
왜?

일
도오 시테?
どう して?
어떻게 해서?

베
따이 싸오?
Tại sao?
왜?

태
탐 마이?
ทำไม?
왜?

중
웨이 션「 머?
wèi shén me?
为什么 ?
왜?

42

얼마예요?

하우 머춰 (머니)?
How much (money)?
얼마나 많이 (돈)?

영

이쿠라 데스카?
いくら ですか?
얼마 입니까?

일

바오 니에우 (띠엔)?
Bao nhiêu (tiền)?
얼마나 (돈)?

베

타우 라이 크랍?
เท่าไหร่ ครับ?
얼마 요?

태

뚜어 치엔?
duō qián?
多 钱?
얼마나 돈?

중

75

정말?

영

뤼얼리? / 오우, 예쓰?
Really? / Oh, yes?
정말? / 오, 그래?

일

혼토오?
本当?
정말?

베

텃 싸오?
Thật sao?
진짜?

태

찡 러어 크랍?
จริง หรอ ครับ?
사실이다 의문 요?

중

쩐ʳ 더 마?
zhēn de ma?
真 的 吗?
진실이다 강조 의문?

44
다시 말씀해 주실래요?

파아「든? / 익쓰큐우즈 미이?
Pardon? / Excuse me?
실례합니다? / 용서하다 나를?

영

모오 이치도 하나시테 모라에마스카?
もう 一度 話して もらえますか?
다시 한 번 말해 받을 수 있습니까?

일

씬 로이?
Xin lỗi?
미안하다?

베

아 라이 나 크랍?
อะไร นะ ครับ?
무엇 강조 요?

태

커 이 짜이 쓔「어 이 삐엔 마?
kě yǐ zài shuō yī biàn ma?
可以 再 说 一 遍 吗?
할 수 있다 다시 말하다 하나 차례 의문?

중

77

45

그래서?

영 쏘우?
So?
그래서?

일 소레데?
それで?
그래서?

베 ^V비 테?
Vì thế?
그래?

태 을래우?
แล้ว?
그래서?

중 수어 이 ㅣ 너?
suǒ yǐ ㅣ ne?
所以 ㅣ 呢?
그래서 ㅣ 의문?

46
이런 식으로
하면 돼?

을라이크 ｜ 디쓰?
Like ｜ this?
~처럼 ｜ 이것? 영

콘나 ｜ 칸지 ｜ 니 ｜ 스레바 ｜ 이이?
こんな ｜ 感じ ｜ に ｜ すれば ｜ いい?
이런 ｜ 느낌 ｜ 으로 ｜ 하면 ｜ 좋다? 일

뉴으 ｜ 테 나이?
Như ｜ thế này?
~처럼 ｜ 이렇게? 베

뱁 ｜ 니 ｜ 흐르어 ｜ 크랍?
แบบ ｜ นี้ ｜ เหรอ ｜ ครับ?
방식 ｜ 이 지시 ｜ 의문 요? 태

쪄ˈ양 ｜ 쭈어 ｜ 커 이 ｜ 마?
zhè yàng ｜ zuò ｜ kě yǐ ｜ ma?
这样 ｜ 做 ｜ 可以 ｜ 吗?
이렇게 ｜ 하다 ｜ ~해도 된다 ｜ 의문? 중

어떤 거?

영
위취 원?
Which one?
어떤 것?

일
도레?
どれ?
어느 것?

베
까이 나오?
Cái nào?
어느 것?

태
안 나이?
อันไหน?
어느 것?

중
나 거?
nǎ ge?
哪个?
어느 것?

그게 언제인데?

웬 (이즈 이트)?
When (is it)?
언제 (이다 그것)?

영

이츠 데스카?
いつ ですか?
언제 입니까?

일

키 나오?
Khi nào?
언제?

베

므아 라이?
เมื่อไหร่?
언제?

태

칭 원 나 쓰「 션「 머 스「 허우?
qǐng | wèn | nà | shì | shén me shí hòu?
请 问 那 是 什么时候?
부탁하다 존칭 묻다 그것 이다 언제?

중

		영어	일본어
시간	(24)	아우워「 **hour**	지 時
아침		모어「닝 **morning**	아사 朝
낮		데이 **day**	히루 昼
오후		애프「터「누운 **afternoon**	고고 午後
저녁		이이브ᵛ닝 **evening**	유우가타 夕方
밤		나잇 **night**	요루 夜
어제		예스떠「데이 **yesterday**	키노오 昨日
오늘		투데이 **today**	쿄오 今日
내일		터마아뤄우 **tomorrow**	아시타 明日
매일		에브ᵛ뤼데이 **everyday**	마이니치 毎日

베트남어	태국어	중국어
져 **giờ**	초아 몽 ชั่วโมง	샤오 스ʼ **小时**
부오 쌍 **buổi sáng**	떤 차우 ตอนเช้า	자오 샹ʼ **早上**
응아이 **ngày**	끄랑 완 กลางวัน	바이 티엔 **白天**
부오이 찌에우 **buổi chiều**	떤 바이 ตอนบ่าย	씨아 우 **下午**
또이 **tối**	떤 옌 ตอนเย็น	빵 완 **傍晚**
뎀 **đêm**	끄랑 크은 กลางคืน	완 샹ʼ **晚上**
홈꽈 **hôm qua**	므아 완 เมื่อวาน	주어 티엔 **昨天**
홈나이 **hôm nay**	완 니 วันนี้	찐 티엔 **今天**
응아이 마이 **ngày mai**	프룽 니 พรุ่งนี้	밍 티엔 **明天**
모이 응아이 **mỗi ngày**	툭 완 ทุกวัน	메이 티엔 **每天**

83

		영어	일본어
월요일		먼데이 **Monday**	게츠요오비 月曜日
화요일		튜우즈데이 **Tuesday**	카요오비 火曜日
수요일		웬즈데이 **Wednesday**	스이요오비 水曜日
목요일		따th어r즈데이 **Thursday**	모쿠요오비 木曜日
금요일		프r롸이 데이 **Friday**	킹요오비 金曜日
토요일		쌔터r데이 **Saturday**	도요오비 土曜日
일요일		썬데이 **Sunday**	니치요오비 日曜日
휴일		하알러데이 **holiday**	큐우지츠 休日

베트남어	태국어	중국어
트 하이 **thứ hai**	완 짠 วันจันทร์	씽 치 이 ι 쩌'우 이 **星期一 ι 周一**
트 바 **thứ ba**	완 앙카안 วันอังคาร	씽 치 얼 ι 쩌'우 얼 **星期二 ι 周二**
트 뜨 **thứ tư**	완 풋 วันพุธ	씽 치 싼 ι 쩌'우 싼 **星期三 ι 周三**
트 남 **thứ năm**	완 파르핫 싸버디 วันพฤหัสบดี	씽 치 쓰 ι 쩌'우 쓰 **星期四 ι 周四**
트 싸우 **thứ sáu**	완 쑥 วันศุกร์	씽 치 우 ι 쩌'우 우 **星期五 ι 周五**
트 바이 **thứ bảy**	완 싸우 วันเสาร์	씽 치 을리우 ι 쩌'우 을리우 **星期六 ι 周六**
쭈 녓 **chủ nhật**	완 아팃 วันอาทิตย์	씽 치 티엔 ι 쩌'우 르 **星期天 ι 周日**
응아이 레 **ngày lễ**	완 윳 วันหยุด	지아 르 **假日**

85

49
그게 어디에 있나요?

영

웨어「 (이즈 이트)?
Where (is it)?
어디에 (이다 그것)?

일

소레 와 도코 니 아리 마스카?
それ は どこ に あり ますか?
그것 은 어디 에 있음 합니까?

베

너 더우 조이?
Nó đâu rồi?
그것 어디 이미?

태

만 유 티 나이 크랍?
มัน อยู่ ที่ไหน ครับ?
그것 있다 어디 요?

중

칭 원 나 거 짜이 나 울리?
qǐng wèn nà ge zài nǎ lǐ?
请 问 那个 在 哪里?
부탁하다 존칭 묻다 그것 ~에 있다 어디?

86

50
몇 개?

하우 메니?
How many ?
얼마나 많이?

영

이쿠츠?
いくつ?
몇 개?

일

바오 니에우?
Bao nhiêu?
얼마나?

베

끼 안?
กี่ อัน?
몇 ~개?

태

지 꺼?
jǐ gè?
几 个?
몇 개?

중

51

얼마나 걸립니까?

영

하우 을로옹 (윌 잇 테이크)?

How long (will it take)?

얼마나 길게 (할 것이다 그것 걸리다)?

일

도레 쿠라이 카카리 마스카?

どれ くらい かかり ますか?

어느 것 정도 걸림 합니까?

베

너 쎄 멑 바오 러우?

Nó sẽ mất bao lâu?

그것 ~할 것이다 미래 갖다 얼마 동안?

태

만 짜 차이 월라 나안 카 낫 크랍?

มัน จะ ใช้ เวลา นาน ขนาดไหน ครับ?

그것 미래 쓰다 시간 오래 얼마나 요?

중

뚜어 창 스 찌엔?

duō cháng shí jiān?

多 长 时间?

얼마나 길다 시간?

52
어디서
오셨어요?

웨어「 아「 유우 ㅍ「람?
Where Are you from?
어디에 이다 너 ~부터?

영

도코 카라 키마시타카?
どこ から 来ましたか?
어디 에서 왔습니까?

일

반 덴 뜨 더우?
Bạn đến từ đâu?
너 오다 ~에서 어디?

베

마 짝 쁘라 탯 아 라이 크랍?
มา จาก ประเทศ อะไร ครับ?
오다 에서 국가 무엇 요?

태

칭 원 니 충 나 을리 을라이?
qǐng wèn nǐ cóng nǎ lǐ lái?
请 问 你 从 哪里 来?
부탁하다 존칭 묻다 너 ~에서 어디 오다?

중

영

프롬 웬 언틸 웬?
From when until when?
~부터 언제 ~까지 언제?

일

이츠 카라 이츠 마데 데스카?
いつ から いつ まで ですか?
언제 부터 언제 까지 입니까?

베

뜨 키 나오 덴 키 나오?
Từ khi nào đến khi nào?
~에서 언제 ~까지 언제?

태

땅 떼 므아 라이 트응 므아 라이 크랍?
ตั้งแต่ เมื่อไร ถึง เมื่อไร ครับ?
~부터 언제 까지 언제 요?

중

션 머 스 허우 따오 션 머 스 허우?
shén me shí hòu dào shén me shí hòu?
什么时候 到 什么时候?
언제 까지 언제?

_54_

그냥 그래.

쏘우 | 쏘우.
So | so.
그렇게 | 그렇게.

영

마아마아.
まあまあ。
그럭 저럭.

일

땀 땀.
Tàm tạm.
그냥 그렇다.

베

응안 응안.
เย็น ๆ.
그저 그렇다.

태

하이 | 싱.
hái | xíng.
还 | 行.
그럭저럭 | 괜찮다.

중

91

55

완벽해.

영

퍼「어펙f트.
Perfect.
완벽한.

일

캄페키.
完璧。
완벽.

베

호안 하오.
Hoàn hảo.
완벽하다.

태

솜 부운 밥.
สมบูรณ์ แบบ.
완벽하다 전형.

중

완 메이.
wán měi.
完美.
완전하다.

92

56

잘했어.

구드 자아브.
Good job.
좋은 일.
<영>

요쿠 얃타.
よく やった。
잘 했다.
<일>

람 똣 람.
Làm tốt lắm.
하다 잘 매우.
<배>

탐 다이 디 마악.
ทำ ได้ ดี มาก.
하다 ~했다 좋다 너무.
<태>

쭈어 더 하오.
zuò de hǎo.
做 得 好.
하다 ~하는 게 좋다.
<중>

운이 좋다.

영	을럭키. Lucky. 운 좋은.
일	웅 가 요칼타. 運 が 良かった。 운 이 좋았다.
베	마이 만. May mắn. 운 좋은.
태	초옥 디. โชค ดี. 운 좋다.
중	윈 치 하오. yùn qi hǎo. 运气 好. 운 좋다.

58

매우 좋아.

베^{V}뤼 구드.
Very good.
매우 좋은.

영

토테모 이이.
とても いい。
매우 좋다.

일

젓 똣.
Rất tốt.
매우 좋다.

베

디 마악.
ดี มาก.
좋다 너무.

태

쩐 빵.
zhēn bàng.
真 棒.
정말 대단하다.

중

95

	영어	일본어
좋은 ㅣ 멋진	구드 ㅣ 나이쓰 good ㅣ nice	이이 良い
아주 멋진	원더'플' wonderful	스테키나 素敵な
아름다운	뷰우티플' beautiful	우츠쿠시이 美しい
흥분시키는	익싸이팅 exciting	코오훈사세루 興奮させる
경이로운	어메이징 amazing	스바라시이 素晴らしい 훌륭한
인기 있는	파아퓰러' popular	닝키노아루 人気のある
유명한	페'이머쓰 famous	유우메에나 有名な
간단한	쓰임플 simple	칸탄나 簡単な
젊은	영 young	와카이 若い
오래된	오울드 old	후루이 古い

베트남어	태국어	중국어
뎁ㅣ똣 **đẹp ㅣ tốt**	디 ดี	하오 더 **好的**
뚜이엔 ᵛ버이 **tuyệt vời**	여엇 이얌 ยอดเยี่ยม	메이 먀오 더 **美妙的**
뎁 **đẹp**	수와이 응암 สวยงาม	메이 을리 **美丽的**
투 ᵛ비 **thú vị**	나아 뜨은 떼엔 น่าตื่นเต้น	스ʲ런 씽 펀ˊ 더 **使人兴奋的**
당 낀 응악 **đáng kinh ngạc**	나아 앗 싸짠 น่าอัศจรรย์	을링 런 찡 야 더 **令人惊讶的** 깜짝 놀라게 하는
ˊ포 비엔 **phổ biến**	뻰티 니욤 เป็นที่นิยม	을리우 싱 더 **流行的**
노이 띠엥 **nổi tiếng**	미 츠으 시양 มีชื่อเสียง	여우 밍 더 **有名的**
던 쟌 **đơn giản**	응아이 ง่าย	지엔 딴 더 **简单的**
째 **trẻ**	야오 와이 เยาว์วัย	니엔 칭 더 **年轻的**
쟈 **già**	까우 께에 เก่าแก่	찌우 더 **旧的**

59

나쁘지 않아.

영
낫 배드.
Not bad.
아니다 나쁜.

일
와루쿠 나이.
悪く ない。
나쁘지 않다.

베
콤 떼.
Không tệ.
부정 나쁘다.

태
마이 예.
ไม่ แย่.
부정 나쁘다.

중
부 추어.
bú cuò.
不 错.
부정 틀리다.

98

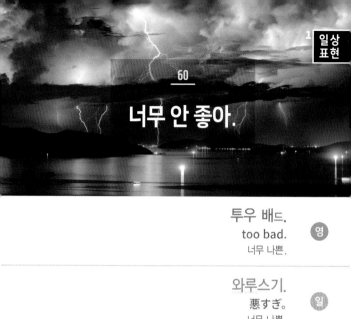

60

너무 안 좋아.

투우 배드.
too bad.
너무 나쁜.

영

와루스기.
悪すぎ。
너무 나쁨.

일

꽈 떼.
Quá tệ.
너무 나쁘다.

베

예 마악.
แย่ มาก.
안 좋다 많이.

태

짜오 까오.
zāo gāo.
糟糕.
엉망이다.

중

99

한국어		영어	일본어
지루한		보어링 **boring**	타이쿠츠 나 退屈な
외로운		을로운리 **lonely**	사비시이 寂しい
심각한		쓰이뤼어쓰 **serious**	싱코쿠나 深刻な
불편한		언캄퍼f l터블 **uncomfortable**	후벤나 不便な
슬픈		쌔드 **sad**	카나시이 悲しい
고통스러운		페인플f **painful**	쿠루시이 苦しい
끔찍한		테뤄블 **terrible**	히도이 l 오소로시이 酷い l 恐ろしい
위험한		데인져뤄쓰 **dangerous**	아부나이 危ない
충격적인		샤킹 **shocking**	쇼오게키테키나 衝撃的な
이상한		스트뤠인쥐 **strange**	헨나 l 카왇타 変な l 変わった

베트남어	태국어	중국어
냠 짠 **nhàm chán**	나아 브아 น่าเบื่อ	우 을랴오 더 **无聊的**
꼬 던 **cô đơn**	응아우 เหงา	꾸 딴 더 **孤单的**
응이엠 쫑 **nghiêm trọng**	찡 짱 จริงจัง	옌 쭝' 더 **严重的**
커 찌우 **khó chịu**	마이 사바이 ไม่สบาย	뿌 쓔' 푸' 더 **不舒服的**
부온 **buồn**	싸우 เศร้า	뻬이 아이 더 **悲哀的**
다우 던 **đau đớn**	쩨엡 เจ็บ	퉁 쿠 더 **痛苦的**
쿵 키엡 **khủng khiếp**	나아 끄로아 น่ากลัว	커 파 더 **可怕的**
응우이 히엠 **nguy hiểm**	안 타라이 อันตราย	웨이 시엔 더 **危险的**
거이 쏙 **gây sốc**	나아 똑 짜이 น่าตกใจ	을링 런 쩐' 찡 더 **令人震惊的**
끼 라 **kỳ lạ**	쁘랙 แปลก	치 꽈이 더 **奇怪的**

101

61

여기.

영	**히어「.** Here. 여기.
일	**코코.** ここ。 여기.
베	**더이.** Đây. 여기.
태	**티 니이.** ที่นี่. 여기.
중	**쪄「 을리.** zhè lǐ. 这里. 여기.

102

62

더 주세요.

모어⌐, 플리이즈.
More, please.
더, 부탁합니다.
영

몬토 쿠다사이.
もっと ください。
더 주세요.
일

씬 ᵛ부이 롱 쩌 또이 템.
Xin vui lòng cho tôi thêm.
~해주세요 주다 나 더.
베

---

*퍼음과 프음의 중간 발음

커어 *퍼음(프음) 익 크랍.
ขอ เพิ่ม อีก ครับ.
부탁 증가하다 더 요.
태

짜이 뚜어 이 디엔.
zài duō yì diǎn.
再 多 一点.
다시 많다 조금.
중

103

		영어	일본어
많은 (가산)		메니 **many**	탁산노 ㅣ 타스으노 たくさんの ㅣ 多数の
많은 (불가산)		머춰 **much**	오오쿠노 ㅣ 탁산노 多くの ㅣ たくさんの
더 많은		모어「 **more**	몬토 오오이 もっと 多い
작은		을리틀 **little**	스쿠나이 少ない
더 적은		을레쓰 **less**	요리 스쿠나이 より 少ない
하나의		쓰잉글 **single**	타다 히토츠노 ただ 一つの
두 배의		더블 **double**	니바이노 二倍の
뜨거운		핫 **hot**	아츠이 熱い
추운		코울드 **cold**	사무이 寒い

베트남어	태국어	중국어
니에우 **nhiều**	마악 มาก	쉬 뚜어 **许多**
니에우 **nhiều**	짜암 누안 마악 จำนวนมาก	쉬 뚜어 **许多**
헌 **hơn**	마악 끄와 มากกว่า	쨔오 뚜어 더 **较多的**
잇 **ít**	너이 น้อย	샤오 더 **少的**
잇 헌 **ít hơn**	너이 끄와 น้อยกว่า	쨔오 샤오 더 **较少的**
못 **một**	디 야오 เดี๋ยว	딴 이 더 **单一的**
겁 도이 **gấp đôi**	썽 타우 สองเท่า	을리앙 뻬이 더 **两倍的**
넘 **nóng**	러언 ร้อน	러 더 **热的**
란 **lạnh**	나우 หนาว	을렁 더 **冷的**

한번 더.

영

원 모어 타임.
One more time.
한번 더 시간.

일

모오 이치도.
もう 一度。
더 한번.

배

못 런 느어.
Một lần nữa.
하나 회 더.

태

익 크랑 능.
흐그 크릉 흐능.
더 번 하나.

중

짜이 을라이 이 삐엔.
zài lái yí biàn.
再 来 一 遍.
다시 하다 한 차례.

64

충분해.

이너프.
Enough.
충분한.

영

쥬우붕.
十分。
충분.

일

두.
Đủ.
충분한.

베

퍼.
พอ.
그만.

태

꺼우 을러.
gòu le.
够 了.
충분하다 감탄.

중

107

지금.

영	나우. Now. 지금.

일	이마. 今。 지금.

베	버이 져. Bây giờ. 지금.

태	떤 니. ตอนนี้. 지금.

중	**씨엔 짜이.** xiàn zài. 现在. 현재.

66
곧.
금세.

쑤운.
Soon.
곧 (이르게).

영

스구.
すぐ。
곧.

일

썸.
Sớm.
곧.

베

나이 마이 차아.
ใน ไม่ ช้า.
~안에 부정 느리다.

태

마 쌍ʳ.
mǎ shàng.
马上.
곧.

중

67

언제든지.

영	**애니타임.** Anytime. 언제든지.
일	**이츠 데모.** いつ でも。 언제 라도.
베	**벋 꾸 룹 나오.** Bất cứ lúc nào. ~이든지 모두 언제.
태	**므아 라이 꺼 다이.** เมื่อไร ก็ได้. 언제 가능하다.
중	**런 허 스 허우.** rèn hé shí hou. 任何 时候. 어떠한 시간.

110

68

나 아니에요.

잇츠 나앗 미이.
It's not me.
이것은 아니다 내가.

와타시 데와 아리 마셍.
私 では あり ません。
내 가 있음 하지 않습니다.

콤 「파이 또이.
Không phải tôi.
~이 아니다 나.

마이 차이 폼 크랍.
ไม่ ใช่ ผม ครับ.
부정 맞다 나 요.

부 쓰「 워.
bú shì wǒ.
不是 我.
아니다 나.

111

가자!

영
을렛츠 고위!
Let's go!
하자 가다!

일
이코오!
行こう!
가자!

베
디 나오!
Đi nào!
가다 지금!

태
빠이 깐 *터(트)! _{*터리 트의 중간 발음}
ไป กัน เถอะ!
가다 같이 권유!

중
저우 바!
zǒu ba!
走 吧!
가다 권유!

112

<u>70</u>
서둘러!

허어뤼 어프!
Hurry up!
서두르다!
영

이소이데!
急いで!
서둘러!
일

냔 ｜ 렌!
Nhanh ｜ lên!
빠른 ｜ 위에!
베

레우 레우!
เร็ว ๆ!
빨리 빨리!
태

콰이 디엔!
kuài diǎn!
快点!
빨리!
중

113

71

나는
할 수 있어요.

영

아이 캔.
I can.
나 할 수 있다.

일

데키 마스.
できます。
됨 합니다.

배

또이 꺼 테.
Tôi có thể.
나 가능하다.

태

다이 크랍.
ได้ ครับ.
가능하다 요.

중

워 커 이.
wǒ kě yǐ.
我 可以.
나 할 수 있다.

114

72
아무것도
아니에요.

나띵th.
Nothing.
0개.

영

난 데모 아리 마셍.
何 でも あり ません。
무엇 라도 있음 하지 않습니다.

일

콤 꺼 지.
Không có gì.
아무것도 부정.

베

마이 미 아 라이 크랍.
ไม่ มี อะไร ครับ.
부정 있다 무엇 요.

태

메이 여우 션「머.
méi yǒu shén me.
没有 什么.
없다 무엇

중

115

73

이건 내 거예요.

영
잇츠 마인.
It's mine.
이것은 ~이다 내 것.

일
와타시 노 모노 데스.
私 の もの です。
나 ~의 것 입니다.

베
너 라 꾸어 또이.
Nó là của tôi.
그것 이다 ~의 나.

태
만 뺀 커엉 폼 크랍.
มัน เป็น ของ ผม ครับ.
그것 이다 ~의 나 요.

중
쪄「 쓰「 워 더.
zhè shì wǒ de.
这 是 我 的.
이것 이다 나 의것.

74
그게 전부예요?

이즈 대앳 어얼?
Is that all?
이다 그것 전부?

영

소레 가 젬부 데스카?
それ が 全部 ですか?
그것 이 전부 입니까?

일

더 라 떳 까 하?
Đó là tất cả hả?
그것 이다 전부 의문 ?

베

케 니 차이 마이 크랍?
แค่นี้ ใช่ ไหม ครับ?
이 정도만 맞다 의문 요?

태

쩌「 쓰「 취엔 뿌 마?
zhè shì quán bù ma?
这 是 全部 吗?
이것 이다 전부 의문 ?

중

117

그게 다예요.

영

대앳 | 이즈 | 어얼.
That | is | all.
그것 | 이다 | 전부.

일

소레 | 가 | 젬부 | 데스.
それ | が | 全部 | です。
그것 | 이 | 전부 | 입니다.

베

더 | 라 | 떳 | 까.
Đó | là | tất cả.
그것 | 이다 | 전부.

태

케 | 난 | 크랍.
แค่ | นั้น | ครับ.
~까지 | 그것 | 요.

중

찌우 | 쩌「 | 씨에 | 을러.
jiù | zhè xiē | le.
就 | 这些 | 了.
바로 | 이런 것들 | 완료.

118

76

이거
당신 거예요?

이즈 잇 유어「스?
Is it yours?
이다 이것 네 것들?
영

코레 와 아나타 노 모노 데스카?
これ は あなた の もの ですか?
이것 은 당신 ～의 것 입니까?
일

너 꺼「파이 라 꾸어 반 콤?
Nó có phải là của bạn không?
그(것) 맞다 이다 ～의 너 부정?
베

만 뺀 커엉 쿤 르으 쁠라우 크랍?
มัน เป็น ของ คุณ หรือเปล่า ครับ?
그것 이다 ～의 당신 인가요 요?
태

쓰「 니 더 마?
shì nǐ de ma?
是 你 的 吗?
이다 너 의 것 의문?
중

119

77

나 돈이 없어요.

영

아이 해브ᵛ 노우 머니.

I have no money.

나 가지고 있다 0의 돈.

일

와타시, 오카네 가 아리 마셍.

私、 お金 が あり ません。

나, 돈 이 있음 하지 않습니다.

베

또이 콤 꺼 띠엔.

Tôi không có tiền.

나 부정 갖다 돈.

태

마이 미 응언 크랍.

ไม่ มี เงิน ครับ.

부정 있다 돈 요.

중

워 메이 치엔.

wǒ méi qián.

我 没 钱。

나 없다 돈.

78

가야겠어요.

아이 해브ᵛ 투 고우.

I have to go.

나 해야 하다 가기.

영

모오 이카 나케레바 나리마셍.

もう 行か なければ なりません。

이제 가지 않으면 안됩니다.

일

또이 ᶠ파이 디.

Tôi phải đi.

나 ~해야 하다 가다.

베

폼 떵 빠이 을래우 크랍.

ผม ต้อง ไป แล้ว ครับ.

나 반드시 가다 완료 요.

태

워 까이 저우 을러.

wǒ gāi zǒu le.

我 该 走 了。

나 해야 하다 가다 예정.

중

121

신경 쓰지
마세요.

영

네버^{v,r} 마인드.
Never mind.
부정 신경 쓰다.

일

키 니 시 나이데 쿠다사이.
気 に し ないで ください。
신경 에 함 말아 주세요.

베

등 번 떰.
Đừng bận tâm.
하지 마라 신경 쓰다.

태

마이 뺀 라이 크랍.
ไม่เป็นไร ครับ.
괜찮다 요.

중

부 야오 짜이 후.
bú yào zài hū.
不要 在乎.
하지 마라 신경 쓰다.

122

80

비가 오네요.

잇츠 · 뤠이닝.
It's · raining.
이것은 ~이다 · 비가 오는.

영

아메 · 가 · 훗테 · 이마스.
雨 · が · 降って · います。
비 · 가 · 내리고 · 있습니다.

일

쩌이 · 당 · 므어.
Trời · đang · mưa.
하늘 · ~하고 있다 · 비가 내리다.

베

떤 니 · 폰 · 똑 · 크랍.
ตอนนี้ · ฝน · ตก · ครับ.
지금 · 비 · 떨어지다 · 요.

태

쩡「짜이 · 씨아 · 위.
zhèng zài · xià · yǔ.
正在 · 下 · 雨.
~하고 있다 · 내리다 · 비.

중

123

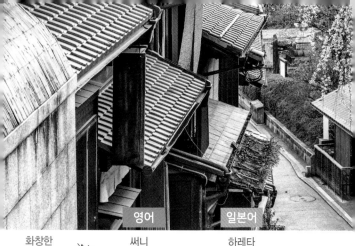

		영어	일본어
화창한		써니 **sunny**	하레타 晴れた
바람 부는		윈디 **windy**	카제가후쿠 風が吹く
흐린		클라우디 **cloudy**	쿠몯타 曇った
비가 오는		뤠이닝 **raining**	아메노 雨の
가까운		니어ʳ **near**	치카이 近い
멀리 있는		파아ʳ **far**	토오이 遠い
열린		오우픈 **open**	히라이타 開いた
닫힌		클로우즈드 **closed**	토지타 閉じた

베트남어	태국어	중국어
꺼 낭 **có nắng**	데엣 어억 แดดออก	칭 올랑 더 **晴朗的**
꺼 져 **có gió**	을롬랭 ลมแรง	꽈 펑f 더 **刮风的**
니에우 마이 **nhiều mây**	크름 ครึ้ม	인 티엔 더 **阴天的**
므어 **mưa**	폰l 똑 ฝนตก	씨아 위 더 **下雨的**
건 **gần**	끄라이 ใกล้	찐 더 **近的**
싸 **xa**	끄라이 ไกล	위엔 더 **远的**
머 **mở**	쁘엇 เปิด	카이 먼 더 **开门的**
동 **đóng**	삐잇 ปิด	꽌 먼 더 **关门的**

81

알겠어요.
이해했어요.

영

아이 쓰이.

I see.

나 보다.

일

와카리 마시타.

分かり ました。

알음 했습니다.

베

또이 히에우 조이.

Tôi hiểu rồi.

나 보다 이미.

태

크랍.

ครับ.

네.

중

워 쯔 따오 을러.

wǒ zhī dào le.

我 知道 了。

나 알다 완료.

126

82

알아요.

아이 ▏ 노우.
I ▏ know.
나 ▏ 알다.

영

실테 ▏ 이마스.
知って ▏ います。
알고 ▏ 있습니다.

일

또이 ▏ 비엣.
Tôi ▏ biết.
나 ▏ 알다.

베

크랍.
ครับ.
네.

태

워 ▏ 쯔ᴵ 따오.
wǒ ▏ zhī dào.
我 ▏ 知道.
나 ▏ 알다.

중

127

나는 몰라요.

영

아<small>이</small> 도온트 노우.

I don't know.

나 부정 알다.

일

와타시 와 시리 마셍.

私 は 知り ません。

나 는 알음 하지 않습니다.

베

또이 콤 비엣.

Tôi không biết.

나 부정 알다.

태

마이 루우 크랍.

ไม่ รู้ ครับ.

부정 알다 요.

중

워 뿌 쯔「 따오.

wǒ bù zhī dào.

我 不 知道.

나 부정 알다.

84

이해가 안 돼요.

아이 도온트 언더「스탠드.
I don't understand.
나 [부정] 이해하다.
영

리카이 데키 마셍.
理解 でき ません。
이해 됨 하지 않습니다.
일

또이 콤 히에우.
Tôi không hiểu.
나 [부정] 이해하다.
베

마이 카우 짜이 크랍.
ไม่ เข้าใจ ครับ.
[부정] 이해하다 요.
태

워 메이 팅 둥.
wǒ méi tīng dǒng.
我 没 听懂.
나 [부정] 알아듣다.
중

한국에서 왔어요.

영

아이 앰 프'람 커뤼이아.
I am from Korea.
나 이다 ~에서 온 한국.

일

캉코쿠 카라 키 마시타.
韓国 から 来ました。
한국 에서 왔습니다.

베

또이 덴 뜨 한 꾸옥.
Tôi đến từ Hàn Quốc.
나 오다 ~부터 한국.

태

폼 마 짝 가우 을리이 크랍.
ผม มา จาก เกาหลี ครับ.
나 오다 에서 한국 요.

중

워 을라이 쯔 한 구어.
wǒ lái zì hán guó.
我 来自 韩国.
나 ~에서 오다 한국.

영어
할 줄 알아요?

두우 유우 스뻬이익 잉글리쉬?

Do you speak English?

하다 너 말하다 영어?

영

에에고 데키 마스카?

英語 でき ますか?

영어 됨 합니까?

일

반 꺼 노이 띠엥 안 콤?

Bạn có nói tiếng Anh không?

너 [긍정] 말하다 영어 [부정]?

베

쿤 푸웃 파사 앙끄릿 다이 마이 크랍?

คุณ พูด ภาษา อังกฤษ ได้ ไหม ครับ?

당신 말하다 언어 영어 가능하다 [의문] 요?

태

니 후이 쓔'어 잉 위 마?

nǐ huì shuō yīng yǔ ma?

你 会 说 英语 吗?

당신 할 수 있다 말하다 영어 [의문]?

중

천천히
말해주실 수 있나요?

영

캔 ｜ 유우 ｜ 스삐이익 ｜ 슬로울리?

Can ｜ you ｜ speak ｜ slowly?

할 수 있다 ｜ 너 ｜ 말하다 ｜ 천천히?

일

육쿠리 ｜ 하나시테 ｜ 모라에마스카?

ゆっくり ｜ 話して ｜ もらえますか?

천천히 ｜ 말해 ｜ 받을 수 있습니까?

베

반 ｜ 꺼 테 ｜ 노이 ｜ 쩜 ｜ 라이 ｜ 콤?

Bạn ｜ có thể ｜ nói ｜ chậm ｜ lại ｜ không?

너 ｜ 가능하다 ｜ 말하다 ｜ 느린 ｜ 다시 ｜ 부정?

태

푸웃 ｜ 차 차 ｜ 다이 ｜ 마이 ｜ 크랍?

พูด ｜ ช้า ๆ ｜ ได้ ｜ ไหม ｜ ครับ?

말하다 ｜ 천천히 천천히 ｜ 가능하다 ｜ 의문 ｜ 요?

중

커 이 ｜ 쓔「어 ｜ 만 ｜ 이 디엔 ｜ 마?

kě yǐ ｜ shuō ｜ màn ｜ yì diǎn ｜ ma?

可以 ｜ 说 ｜ 慢 ｜ 一点 ｜ 吗?

할 수 있다 ｜ 말하다 ｜ 천천히 ｜ 조금 ｜ 의문?

132

88

영어를 못해요.

아이 도온트 스뻬이익 잉글리쉬.
I don't speak English.
나 부정 말하다 영어.

영

에에고 가 와카리 마셍.
英語 が 分かり ません。
영어 가 알음 하지 않습니다.

일

또이 콤 비엣 띠엥 안.
Tôi không biết tiếng Anh.
나 부정 알다 영어.

베

폼 푸웃 파사 앙끄릿 마이 뺀 크랍.
ผม พูด ภาษา อังกฤษ ไม่ เป็น ครับ.
나 말하다 언어 미국 부정 할 수 있다 요.

태

워 부 후이 쓔"어 잉 위.
wǒ bú huì shuō yīng yǔ.
我 不 会 说 英语.
나 부정 할 수 있다 말하다 영어.

중

일상표현

비상상황

비행

교통 (길 찾기)

숙박

식사

쇼핑

관광

PART 02

비상상황

귀중품을 도난당했을 때

귀중품을 도난당했을 때는
가까운 경찰서에 가서
신고서 police report 를 작성하고
복사본을 받아놓는 것이 좋습니다.

한국에 돌아와서
서류를 보험사에 제출하면
보상을 받을 수 있습니다.
단, 출국 전에 여행자 보험에
가입했다는 조건으로 말이죠.

물론 신고서 작성 시,
분실 lost 이 아닌 도난 stolen 으로 작성해야
보상을 받을 수 있다는 것! 잊지 마세요.

89
도와
주시겠어요?

영

캔 유우 헬ㅍ 미이?
Can you help me?
할 수 있다 너 도와주다 나?

일

테츠닫테 쿠레마스카?
手伝って くれますか?
도와 주겠습니까?

베

반 꺼 테 쥽 또이 드억 콤?
Bạn có thể giúp tôi được không?
너 가능하다 돕다 나 가능하다 부정?

태

추아이 폼 너어이 다이 마이 크랍?
ช่วย ผม หน่อย ได้ ไหม ครับ?
돕다 나 조금 가능하다 의문 요?

중

칭 원 니 커 이 빵 워 마?
qǐng wèn nǐ kě yǐ bāng wǒ ma?
请 问 你 可 以 帮 我 吗?
부탁하다 존칭 묻다 너 할 수 있다 돕다 나 의문?

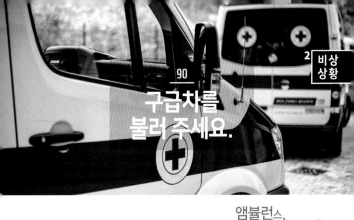

구급차를 불러 주세요.

앰뷸런스.
Ambulance.
구급차.

영

큐우큐우샤.
救急車。
구급차.

일

쎄 끄우 트엉.
xe cứu thương.
구급차.

베

롯 파야 바안.
รถ พยาบาล.
구급차.

태

찌우 후 쳐.
jiù hù chē.
救护车.
구급차.

중

137

91
나 감기 걸렸어.

영

아이 카앗 어 코울드.
I caught a cold.
나 잡았다 하나의 감기.

일

와타시, 카제 히이타.
私、風邪 引いた。
나, 감기 걸렸다.

베

또이 비 깜 란.
Tôi bị cảm lạnh.
나 수동 감기.

태

폼 뺀 왓.
ผม เป็น หวัด.
나 이다 감기.

중

워 간 마오 을러.
wǒ gǎn mào le.
我 感冒 了.
나 감기 걸리다 완료.

92

병원에 데려다 주세요.

플리이즈 테익 미이 투 더 하아스삐틀.
Please take me to the hospital.
부탁합니다 데려가다 나 ~으로 그 병원.

영

뵤오잉 에 츠레테 잇테 쿠다사이.
病院 へ 連れて 行って ください。
병원 에 데려 가 주세요.

일

하이 드어 또이 덴 벤 ˇ비엔.
Hãy đưa tôi đến bệnh viện.
건유 건네주다 나 ~까지 병원.

베

추아이 쏭 폼 빠이 티 롬파야반 너어이 크랍.
ช่วย ส่ง ผม ไป ที่ โรงพยาบาล หน่อย ครับ.
도와주다 보내다 나 가다 장소 병원 조금 요.

태

칭 쑹 워 취 이 위엔.
qǐng sòng wǒ qù yī yuàn.
请 送 我 去 医院.
부탁하다 존칭 데려다주다 나 가다 병원.

중

139

		영어	일본어
병원		하아ㅅ삐틀 **hospital**	뵤오잉 病院
약국		파ㅏ'아'머ㅆ이 **pharmacy**	약쿄쿠 薬局
경찰서		펄리이ㅆ 스떼이션 **police station**	케에사츠쇼 警察署
빌딩		빌딩 **building**	비루ㅣ비루딩구 ビルㅣビルディング
매표소		티킷 어어피ㅏㅅ **ticket office**	치켇토 우리바 チケット 売り場
정거장		스떼이션 **station**	에키 駅
버스 정류장		버ㅆ 스따프ㅅ **bus stop**	바스테에 バス停

140

비상
상황

베트남어	태국어	중국어

벤 ^V비엔 **bệnh viện**	로옹 파야 바안 โรงพยาบาล	이 위엔 **医院**
띠엠 투옥 **tiệm thuốc**	란 카이 야 ร้านขายยา	야오 팡ˊ **药房**
돈 깐 삿 **đồn cảnh sát**	싸 타니 땀 로앗 สถานีตำรวจ	징 챠ˊ 쥐ˊ **警察局**
또아 냐 **tòa nhà**	아 카안 อาคาร	따 쌰ˋ **大厦**
너이 반 ^V베 **nơi bán vé**	뚜 또아 ตั๋วตั๋ว	쎠ˋ우 퍄오 츄ˋ **售票处**
가 떠우 **ga tàu**	싸 타니 สถานี	쳐ˉ 짠ˋ **车站**
디엠 증 쎄 뷧 **điểm dừng xe buýt**	빠이 롯매 ป้ายรถเมล์	꿍 쨔오 쳐ˉ 짠ˋ **公交车站**

141

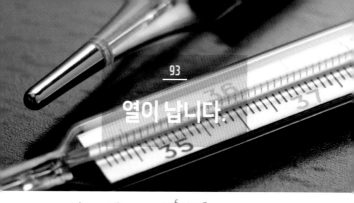

열이 납니다.

영 아이 해브ᵛ 어 피f이버r.
I have a fever.
나 가지고 있다 하나의 열.

일 네츠 가 아리 마스.
熱 が あり ます。
열 이 있음 합니다.

베 또이 비 쏫.
Tôi bị sốt.
나 수동 열.

태 폼 뺀 왓.
ผม เป็น หวัด.
나 이다 감기.

중 워 파f 쌰r오 을러.
wǒ fā shāo le.
我 发烧 了.
나 열나다 변화.

142

94

다쳤어요.

아이 엠 허어「트.
I am hurt.
나 이다 부상.

영

케가 시 마시타.
怪我 し ました。
부상 함 했습니다.

일

또이 비 트엉.
Tôi bị thương.
나 수동 다치다.

베

폼 밧 쨉 크랍.
ผม บาดเจ็บ ครับ.
나 상처를 입다 요.

태

워 셔「우 쌍「 을러.
wǒ shòu shāng le.
我 受伤 了.
나 다치다 완료.

중

95
여권을
잃어버렸어요.

영

아이 을로오스트 마이 패쓰포어'트.
I lost my passport.
나 잃어버렸다 내 여권.

일

파스포-토 오 나쿠시테 시마이 마시타.
パスポート を なくして しまい ました。
여권 을 잃어 해버림 했습니다.

베

또이 먿 호 찌에우.
Tôi mất hộ chiếu.
나 잃어버리다 여권.

태

폼 탐 나앙 쓰으 더언 타웅 하이 크랍.
ผม ทำ หนังสือ เดินทาง หาย ครับ.
나 하다 책 여행하다 없어지다 요.

중

워 더 후 짜'오 띠우 을러.
wǒ de hù zhào diū le.
我 的 护照 丢 了。
나 ～의 여권 잃어버리다 완료.

96
경찰 좀 불러 주세요.

플리이즈 | 코올 | 더 펄리이쓰.
Please | **call** | **the police.**
부탁합니다 | 부르다 | 그 경찰.

영

케에사츠 | 오 | 욘데 | 쿠다사이.
警察 | を | 呼んで | ください。
경찰 | 을 | 불러 | 주세요.

일

씬 하이 | 거이 | 깐 삳.
Xin hãy | gọi | cảnh sát.
요구하다 | 전화하다 | 경찰.

베

토 | 하 | 땀 루앗 | 하이 | 너어이 | 크랍.
โทร | หา | ตำรวจ | ให้ | หน่อย | ครับ.
전화하다 | 찾다 | 경찰 | 주다 | 조금 | 요.

태

빵 | 워 | 쨔오 | 징 챠.
bāng | wǒ | jiào | jǐng chá.
帮 | 我 | 叫 | 警察.
돕다 | 나 | 부르다 | 경찰.

중

영

아이 니이드 어 트뤤쓸레이터「.

I need a translator.

나 필요하다 하나의 통역사.

일

츠으야쿠 가 히츠요오 데스.

通訳 が 必要 です。

통역 이 필요 입니다.

베

또이 껀 못 응어이 직.

Tôi cần một người dịch.

나 필요하다 하나 통역사.

태

폼 떵 깐 을라암 크랍.

ผม ต้องการ ล่าม ครับ.

나 필요하다 통역자 요.

중

워 쒸 야오 이 밍 판「이.

wǒ xū yào yì míng fān yì.

我 需要 一 名 翻译.

나 필요하다 하나 명 통역.

98

가방을 열어주세요.

플리이즈 | 오우픈 | 유어 | 배그.
Please | open | your bag.
부탁하다 | 열다 | 너의 가방.

영

카방 | 오 | 아케테 | 쿠다사이.
カバン | を | 開けて | ください。
가방 | 을 | 열어 | 주세요.

일

씬 | 하이 | 머 | 뚜이 | 꾸어 | 반.
Xin hãy | mở | túi | của | bạn.
요구하다 | 열다 | 가방 | ～의 | 너.

베

까루나 | *뻐엇(쁘읏) | 끄라 | 빠우 | 크랍.
กรุณา | เปิด | กระเป๋า | ครับ.
제발 | 열다 | 가방 | 요.

*뻐엇과 쁘읏의 중간 발음

태

칭 | 바 | 싱 | 을리 | 다 | 카이.
qǐng | bǎ | xíng li | dǎ kāi.
请 | 把 | 行李 | 打开。
부탁하다 존칭 | ～을 | 짐 | 열다.

중

일상표현

비상상황

비행

교통 (길 찾기)

숙박

식사

쇼핑

관광

비행

장거리 비행 시 면세품 관리하기

장거리 비행 시,
환승을 해야 할 경우가 있습니다.

이때 중간 공항에 내렸다고 해서
면세품의 포장을 뜯어서는 안 됩니다.
액체류는 기내에 반입 금지이기 때문에,
개봉된 물건이 면세품이라 해도
압수처리 되기 때문입니다.

99

팔을
벌려 주세요.

영

플리이즈 스프뤠드 아웃 유어「아암「즈.
Please spread out your arms.
부탁하다 펼치다 너의 팔들.

일

료오우데 오 히로게테 쿠다사이.
両腕 を 広げて ください。
양팔 을 펼쳐 주세요.

베

씬 하이 져 따이 즈안.
Xin hãy giơ tay ra.
요구하다 펼치다 팔 나오다.

태

까루나 까응 캔 어억 크랍.
กรุณา กาง แขน ออก ครับ.
제발 펼치다 팔 나가다 요.

중

칭 쨩「카이 쓔「앙 삐.
qǐng zhāng kāi shuāng bì.
请 张开 双 臂.
부탁하다 존칭 펼치다 한 쌍의 팔.

제 수하물이 없어졌어요.

마이 배기쥐 이즈 미쓰잉.
My baggage is missing.
내 수하물　이다　사라진.

영

와타시 노 니모츠 가 나쿠 나리 마시타.
私 の 荷物 が なく なり ました。
나 ～의 짐 이 없게 됨 했습니다.

일

한 리 꾸어 또이 비 멀 띡.
Hành lý của tôi bị mất tích.
수하물 ～의 나 수동 사라지다.

베

끄라 빠우 더언 타응 커엉 폼 하이 크랍.
กระเป๋า เดินทาง ของ ผม หาย ครับ.
가방 여행하다 ～의 나 없어지다 요.

태

워 더 싱을리 부 찌엔 을러.
wǒ de xíng lǐ bú jiàn le.
我 的 行李 不 见 了。
나 ～의 짐 부정 보다 완료.

중

멀미약 주세요

영

메디쓰인 포'어 모우션 쓰익니쓰, 플리이즈.
Medicine for motion sickness, please.
약 ~를 위한 멀미, 부탁합니다.

일

요이도메 쿠다사이.
酔い止め ください。
멀미약 주세요.

베

쩌 또이 투옥 싸이 쎄.
Cho tôi thuốc say xe.
주다 나 약 멀미.

태

커어 야 께에 마우 너어이 크랍.
ขอ ยา แก้ เมา หน่อย ครับ.
원하다 약 고치다 취하다 조금 요.

중

여우 윈 쳐' 야오 마?
yǒu yùn chē yào ma?
有 晕车 药 吗?
있다 차멀미하다 약 의문 ?

환전.

머니 익쓰췌인쮜.
Money exchange.
돈 교환.

영

료오가에.
両替。
환전.

일

도이 띠엔.
Đổi tiền.
바꾸다 돈.

베

을랙 응언.
แลก เงิน.
교환하다 돈.

태

환 치엔.
huàn qián.
換 钱.
바꾸다 돈.

중

153

		영어	일본어
공항		에어「포어「트 **airport**	쿠우코오 空港
출발		디파아「쳐「 **departure**	슙파츠 出発
도착		어라이블ᵛ **arrival**	토오차쿠 到着
수하물, 짐		배기쥐 **baggage**	니모츠 荷物
문 (게이트)		게잇 **gate**	몽｜게토 門｜ゲート
면세점		듀우티 프「뤼이 샤압 **duty-free shop**	멘제에텡 免税店
국내의		더메스틱 **domestic**	코쿠나이노 国内の
국제적인		인터「내셔널 **international**	콕사이테키나 国際的な
입구		엔트뤈쓰 **entrance**	이리구치 入り口
승객		패쓰인져「 **passenger**	죠오카쿠 乗客

베트남어	태국어	중국어
썬 바이 **sân bay**	싸남 빈 สนามบิน	찌 창 **机场**
커이 한 **khởi hành**	어억 드언 탕 ออกเดินทาง	을리 찡 **离境**
쓰 덴 너이 **sự đến nơi**	트응 ถึง	루 찡 **入境**
한 리 **hành lý**	끄라 빠우 드언 탕 กระเป๋าเดินทาง	싱 을리 **行李** 여행 가방
꽁 **cổng**	쁘라 뚜 ประตู	쟈 커우 **闸口**
끄어 항 미엔 퉤 **cửa hàng miễn thuế**	라안 카 쁘럿 파씨이 ร้านค้าปลอดภาษี	미엔 쒜'이 띠엔 **免税店**
쫑 느억 **trong nước**	나이 쁘라 텟 ในประเทศ	구어 네이 더 **国内的**
꾸옥 떼 **quốc tế**	라 왕 쁘라 텟 ระหว่างประเทศ	구어 찌 더 **国际的**
로이 ˇ바오 **lối vào**	탕 카우 ทางเข้า	루 커우 **入口**
한 칵 **hành khách**	푸 도이 사안 ผู้โดยสาร	청' 커 **乘客**

155

		영어	일본어
여권		패쓰포어「트 **passport**	파스포-토 パスポート
사증		비ᵛ이저 **visa**	비자 ビザ
승객		패쓰인저「 **passenger**	죠오캬쿠 乗客
대기		웨이팅 **waiting**	타이키 待機
좌석		쓰이잇 **seat**	세키 席
창가 석		윈도우 쓰이잇 **window seat**	마도가와노세키 窓側の席
복도 석		아이을 쓰이잇 **aisle seat**	츠으로가와노세키 通路側の席
서비스		써어「비ᵛ스 **service**	사-비스 サービス
기내식		인 플「라이트 미일 **in-flight meal**	키나이쇼쿠 機内食
담요		블랭킷 **blanket** 이불	부랑켙토ㅣ모오후 ブランケットㅣ毛布

156

베트남어	태국어	중국어
호 찌에우 **hộ chiếu**	나응 쓰으 드언 탕 หนังสือเดินทาง	후 짜'오 **护照**
티 특 **thị thực**	위싸 วีซ่า	치엔 쩡' **签证**
한 칵 **hành khách**	푸 도이 사안 ผู้โดยสาร	청' 커 **乘客**
당 쩌 더이 **đang chờ đợi**	러 รอ	덩 허우 **等候**
게 **ghế**	티 낭 ที่นั่ง	쭈어 웨이 **座位**
게 응오이 건 끄어 쏘 **ghế ngồi gần cửa sổ**	티 낭 림 나아 땅 ที่นั่งริมหน้าต่าง	카오 추'앙 시 **靠窗席**
게 깐 로이 디 **ghế cạnh lối đi**	티낭 띳 탕 드언 ที่นั่งติดทางเดิน	카오 따오 시 **靠道席**
직 ''부 **dịch vụ**	버리깐 บริการ	푸' 우 **服务**
브어 안 쩬 마이 바이 **bữa ăn trên máy bay**	아한 본 티야우 빈 อาหารบนเที่ยวบิน	페'이 찌 찬 **飞机餐**
짠 **Chăn**	파 홈 ผ้าห่ม	마오 탄 **毛毯**

아파요.

영

아이 앰 쓰이크.
I am sick.
나 이다 아픈.

일

구아이 가 와루이 데스.
具合 が 悪い です。
몸 상태 가 나쁘다 입니다.

베

또이 비 옴.
Tôi bị ốm.
나 수동 아픈.

태

폼 뿌아이 크랍.
ผม ป่วย ครับ.
나 아프다 요.

중

워 삥 을러.
wǒ bìng le.
我 病 了.
나 아프다 변화.

158

닭고기인가요 소고기인가요?

치킨 오어 비이프?

Chicken or Beef?

닭고기 또는 소고기?

영

치킨 데스카, 규우니쿠 데스카?

チキン ですか、牛肉 ですか？

닭고기 입니까, 소고기 입니까?

일

가 하이 팃 버?

Gà hay thịt bò?

치킨 혹은 소고기?

베

까이 르으 느아 우아 크랍?

ไก่ หรือ เนื้อ วัว ครับ?

닭 아니면 고기 소 요?

태

찌 러우 하이 쓰 니우 러우?

jī ròu hái shì niú ròu?

鸡肉 还是 牛肉?

닭고기 아니면 소고기?

중

소고기로 주세요.

영

비이프, 플리이즈.
Beef, please.
소고기. 부탁합니다.

일

규우니쿠 쿠다사이.
牛肉 ください。
소고기 주세요.

베

쩌 또이 팃 버.
Cho tôi thịt bò.
주다 나 소고기.

태

커어 느아 우아 크랍.
ขอ เนื้อ วัว ครับ.
원하다 고기 소 요.

중

칭 게이 워 니우 러우.
qǐng gěi wǒ niú ròu.
请 给 我 牛肉.
부탁하다 (존칭) 주다 나 소고기.

편도 표
두 장 주세요.

투우 원 웨이 티킷츠, 플리이즈.
Two one-way tickets, please.
두 편도 표들, 부탁합니다.

영

카타미치 치켇토 오 니 마이 쿠다사이.
片道 チケット を 2 枚 ください。
편도 표 를 두 장 주세요.

일

쩌 또이 하이 ⱽ베 못 찌에우.
Cho tôi hai vé một chiều.
주다 나 둘 표 편도의.

베

커어 또아 카 빠이 썽 바이 크랍.
ขอ ตั๋ว ขาไป 2 ใบ ครับ.
원하다 표 편도 2장 요.

태

칭 게이 워 을리앙 쨍「 딴 청「 퍄오.
qǐng gěi wǒ liǎng zhāng dān chéng piào.
请 给 我 两 张 单 程 票.
부탁하다 존칭 주다 나 두 장 편도 표.

중

161

		영어	일본어
물		워어터⌐ **water**	미즈 水
차		티이 **tea**	챠 茶
커피		커어퓌⌐이 **coffee**	코–히– **コーヒー**
콜라		코울러 **cola**	코–라 **コーラ**
주스		쥬우쓰 **juice**	쥬–스 **ジュース**
우유		미일크 **milk**	규우뉴우 牛乳
담요		블랭킷 **blanket** 이불	부랑켄토 ∣ 모오후 **ブランケット** ∣ 毛布
펜		펜 **pen**	펭 **ペン**

베트남어	태국어	중국어
느억 **nước**	남 น้ำ	쉐'이 **水**
짜 **trà**	차 ชา	챠' **茶**
까「페 **cà phê**	까페 กาแฟ	카 페이 **咖啡**
꼬까 **coca**	코옥 โค้ก	커 을러 **可乐**
느억 앱 **nước ép**	남 폴로 마이 น้ำผลไม้	구어 쯔' **果汁**
쓰어 **sữa**	놈 นม	니우 나이 **牛奶**
짠 **Chăn**	파 홈 ผ้าห่ม	마오 탄 **毛毯**
꺼이 붓 **cây bút**	빠악 까 ปากกา	비 **笔**

163

일상표현

비상상황

비행

교통 (길 찾기)

숙박

식사

쇼핑

관광

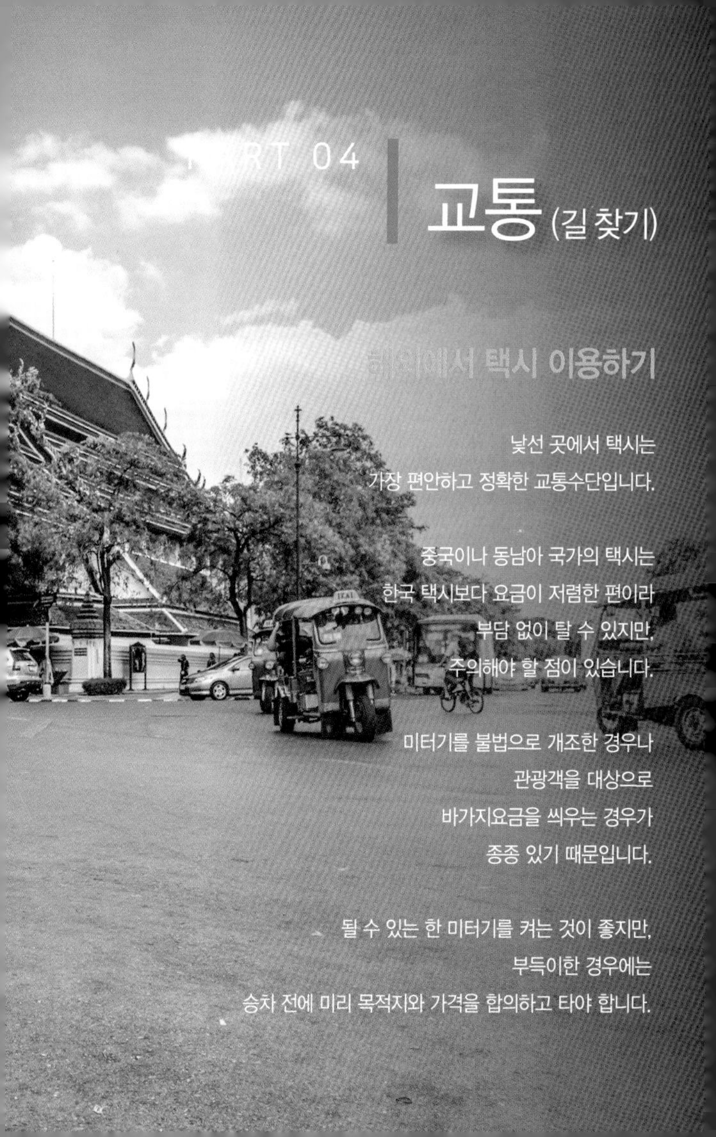

PART 04

교통 (길 찾기)

태국에서 택시 이용하기

낯선 곳에서 택시는
가장 편안하고 정확한 교통수단입니다.

중국이나 동남아 국가의 택시는
한국 택시보다 요금이 저렴한 편이라
부담 없이 탈 수 있지만,
주의해야 할 점이 있습니다.

미터기를 불법으로 개조한 경우나
관광객을 대상으로
바가지요금을 씌우는 경우가
종종 있기 때문입니다.

될 수 있는 한 미터기를 켜는 것이 좋지만,
부득이한 경우에는
승차 전에 미리 목적지와 가격을 합의하고 타야 합니다.

여기서 교통카드를 살 수 있어요?

영

캔 | 아이 | 바이 | 어 | 트랜스퍼'테이션 카아'드 | 히어'?
Can | I | buy | a | transportation card | here?
할 수 있다 | 나 | 사다 | 하나의 교통카드 | 여기서?

일

코오츠으카도 | 와 | 코코 | 데 | 코오뉴우 | 데키 | 마스카?
交通カード | は | ここ | で | 購入 | でき | ますか?
교통카드 | 는 | 여기 | 에서 | 구입 | 됨 | 합니까?

베

또이 | 꺼 테 | 무어 | 태 | 쟈오 통 | 어 더이 | 콤?
Tôi | có thể | mua | thẻ | giao thông | ở đây | không?
나 | 가능하다 | 사다 | 카드 | 교통 | 여기에 | 부정 ?

태

탐 | 밧 | 롯 파이 파 | 티 니 | 다이 | 마이 | 크랍?
ทำ | บัตร | รถไฟฟ้า | ที่นี่ | ได้ | ไหม | ครับ?
하다 | 카드 | 지하철 | 여기 | 가능하다 | 의문 | 요?

중

짜이 | 쪄'을리 | 커 이 | 빤 | 쟈오 통 카 | 마?
zài | zhè lǐ | kě yǐ | bàn | jiāo tōng kǎ | ma?
在 | 这里 | 可以 | 办 | 交通卡 | 吗?
~에서 | 여기 | 할 수 있다 | 사다 | 교통카드 | 의문 ?

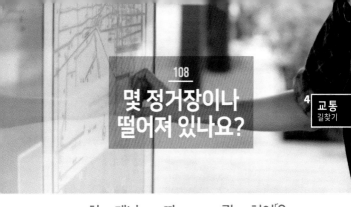

108
몇 정거장이나
떨어져 있나요?

4 | 교통
길찾기

하우 메니 · 스따프스 · 프램 · 히어'?

How many · stops · from · here?

얼마나 많은 · 정거장들 · ~부터 · 여기서?

영

난 · 테에샤쬬오 · 쿠라이 · 하나레테 · 이마스카?

何 · 停車場 · くらい · 離れて · いますか?

몇 · 정거장 · 정도 · 떨어져 · 있습니까?

일

껀 · 바오 니에우 · 디엠 증 · 뜨 · 더이?

Còn · bao nhiêu · điểm dừng · từ · đây?

여전히 · 얼마나 · 멈추다 · ~부터 · 여기?

베

익 · 끼 · 사타아니 · 크랍?

อีก · กี่ · สถานี · ครับ?

더 · 몇 · 역 · 요?

태

칭 · 원 · 여우 · 지 · 짠' · 위엔?

qǐng · wèn · yǒu · jǐ · zhàn · yuǎn?

请 · 问 · 有 · 几 · 站 · 远?

부탁하다 존칭 · 묻다 · 있다 · 몇 · 정거장 · 멀다?

중

어느 버스가 시내로 가나요?

영

위춰 버쓰 고우즈 다운타운?

Which bus goes downtown?

어떤 버스 가다 시내?

일

도노 바스 가 시나이 에 이키 마스카?

どの バス が 市内 へ 行き ますか?

어느 버스 가 시내 에 감 합니까?

베

쎄 뷧 나오 디 덴 쯩 떰 타잉 ㄹ포?

Xe buýt nào đi đến trung tâm thành phố?

버스 어느 가다 도착하다 중심 도시?

태

롯 매 싸이 나이 카우 므앙 크랍?

รถเมล์ สาย ไหน เข้า เมือง ครับ?

버스 선 어느 들어가다 도시 요?

중

칭 원 나 을리앙 꿍 쨔오 취 쓰ㄹ을리?

qǐng wèn nǎ liàng gōng jiāo qù shì lǐ?

请 问 哪 辆 公交 去 市里?

부탁하다 존칭 묻다 어느 대 버스 가다 시내?

트렁크를 열어주세요.

오우픈 | 더 트렁크, | 플리이즈.
Open | the trunk, | please.
열다 | 그 트렁크, | 부탁합니다.

영

토랑쿠 | 오 | 아케테 | 쿠다사이.
トランク | を | 開けて | ください。
트렁크 | 를 | 열어 | 주세요.

일

씬 하이 | 머 | 쪼 등 한 리.
Xin hãy | mở | chỗ đựng hành lý.
요구하다 | 열다 | 트렁크.

베

---

*뻐엇(쁘옷) | 타이 롯 | 하이 | 너어이 | 크랍.
เปิด | ท้ายรถ | ให้ | หน่อย | ครับ.
열다 | 트렁크 | 주다 | 조금 | 요.

*뻐엇의 쁘옷의 중간 발음

태

커 이 | 다 카이 | 허우 뻬이 씨앙 | 마?
kě yǐ | dǎ kāi | hòu bèi xiāng | ma?
可以 | 打开 | 后备箱 | 吗?
할 수 있다 | 열다 | 트렁크 | 의문 ?

중

		영어	일본어
해변		비이취 **beach**	우미베 海辺
바다		쓰이이 **sea**	우미 海
강		뤼버ᵛˑʳ **river**	카와 川
호수		을레이크 **lake**	미즈우미 湖
계곡		밸ᵛ리 **valley**	타니 谷
산		마운튼 **mountain**	야마 山
숲		포ᶠ어뤠스트 **forest**	모리 ｜ 하야시 森 ｜ 林
도시		쓰이티 **city**	토카이 ｜ 토시 都会 ｜ 都市
광장		스퀘어ʳ **square**	히로바 広場
공항		에어ʳ포어ʳ트 **airport**	쿠우코오 空港

170

베트남어	태국어	중국어
버 비엔 **bờ biển**	차이 핫 ชายหาด	하이 탄 **海滩**
비엔 라이 **biển**	타 래 ทะเล	하이 **海**
껀 쏨 **con sông**	매 남 แม่น้ำ	허 **河**
호 **hồ**	탈래 쌉 ทะเลสาบ	후 **湖**
퉁 룽 **thung lũng**	후움 카우 หุบเขา	쌴 구 **山谷**
누이 **núi**	푸 카우 ภูเขา	쌴 **山**
릉 **rừng**	빠아 ป่า	썬 을린 **森林**
타잉 포 **thành phố**	므앙 เมือง	청 쓰 **城市**
꽝 쯔엉 **quảng trường**	쓰이 리암 สี่เหลี่ยม	구앙 창 **广场**
썬 바이 **sân bay**	싸남 빈 สนามบิน	찌 창 **机场**

111
미터기
켜주세요.

영

미터ʳ, 플리이즈.
Meter, please.
미터기. 부탁합니다.

일

메-타- 오 츠칸테 쿠다사이.
メーター を 使って ください。
미터기 를 사용해 주세요.

베

씬 하이 벋 동 호 꽁 떠 멛.
Xin hãy bật đồng hồ công tơ mét.
요구하다 켜다 시계 미터기.

태

˚뻐엇(쁘웃) 미떠 도아이 크랍.
เปิด มิตเตอร์ ด้วย ครับ.
켜다 미터 ~도 요.

˚뻐엇과 쁘웃의 중간 발음

중

칭 다 뱌오.
qǐng dǎ biǎo.
请 打 表.
부탁하다 존칭 계산하다 미터기.

여기서
세워 주세요.

스따압 히어ʳ, 플리이즈.
Stop here, please.
멈추다 여기서, 부탁합니다.

영

코코 데 토메테 쿠다사이.
ここ で 止めて ください。
여기 에서 세워 주세요.

일

씬 하이 증 라이 어 더이.
Xin hãy dừng lại ở đây.
요구하다 멈추다 ~에 여기.

베

쩟 또롱 니 크랍.
จอด ตรงนี้ ครับ.
주차하다 여기 요.

태

칭 짜이 쪄ʳ을리 팅.
qǐng zài zhè lǐ tíng.
부탁하다 (존칭) ~에 여기 멈추다.

중

173

113
잔돈은
괜찮아요.

영 **키입** **더 췌인줘.**
Keep the change.
가지다 그 잔돈.

일 **오츠리 와 켁코오 데스.**
お釣り は 結構 です。
거스름돈 은 괜찮음 합니다.

베 **반 꾸 즈으 띠엔 트어.**
Bạn cứ giữ lấy tiền thừa.
너 그냥 보관하다 잔돈.

태 **마이 떵 턴 크랍.**
ไม่ ต้อง ทอน ครับ.
부정 반드시 거슬러주다 요.

중 **부 융 쟈오 을러.**
bú yòng zhǎo le.
不用 找 了。
필요 없다 거슬러 주다 주장.

여기가
어디예요?

웨어「 앰 아이?
Where am I?
어디에 이다 나?

영

코코 와 도코 데스카?
ここ は どこ ですか?
여기 는 어디 입니까?

일

더이 라 더우?
Đây là đâu?
너 이다 어디?

베

티 니 티 나이 크랍?
ที่นี่ ที่ไหน ครับ?
여기 어디 요?

태

칭 원 쩌「 쓰「 나 을리?
qǐng wèn zhè shì nǎ lǐ?
请 问 这 是 哪里?
부탁하다 존칭 묻다 여기 이다 어디?

중

175

영

하우 파ᶠ아ʳ (이즈 이트)?

How far (is it)?

얼마나 멀리 (이다 이것)?

일

도레 쿠라이 토오이 데스카?

どれ くらい 遠い ですか?

어느 것 정도 멀다 입니까?

베

까익 쪼 나이 바오 싸?

Cách chỗ này bao xa?

떠나다 여기 얼마나 멀다?

태

끌라이 카낫 나이 크랍?

ไกล ขนาดไหน ครับ?

멀다 얼마나 요?

중

칭 원 쪄ʳ 을리 여우 뚜어 위엔?

qǐng wèn zhè lǐ yǒu duō yuǎn?

请 问 这 里 有 多 远?

부탁하다 조칭 묻다 여기 있다 얼마나 멀다?

Toilet

화장실이
어디예요?

웨어┌ 이즈 더 토일레트?
Where is the toilet?
어디 이다 그 화장실?

영

토이레 와 도코 데스카?
トイレ は どこ ですか?
화장실 은 어디 입니까?

일

냐 ˅베 씬 어 더우?
Nhà vệ sinh ở đâu?
화장실 어디에?

베

허엉 나암 유 티 나이 크랍?
ห้องน้ำ อยู่ ที่ไหน ครับ?
화장실 있다 어디 요?

태

시 셔┌우 찌엔 짜이 나 을리?
xǐ shǒu jiān zài nǎ lǐ?
洗手间 在 哪里?
화장실 ～에 있다 어디?

중

		영어	일본어
번화가		다운타운 downtown	항카가이 繁華街
주소		어드뤠쓰 address	쥬우쇼 住所
박물관		뮤지이엄 museum	하쿠부츠캉 博物館
미술관		아ㄹ트 뮤지이엄 art museum	비쥬츠캉 美術館
은행		뱅크 bank	깅코오 銀行
카페		카페ㆍ이 café	카훼 カフェ
상점		스토어ㄹ store	미세 店
매표소		티킷 어어피ㆍ스 ticket office	치켙토 우리바 チケット 売り場
버스 정류장		버쓰 스따프 bus stop	바스테에 バス停
정거장		스떼이션 station	에키 駅

베트남어	태국어	중국어
쭝 떰 **trung tâm**	나이 므앙 ในเมือง	쓰ˇ 쭝ˉ 씬ˉ **市中心**
디아 찌 **địa chỉ**	티 유 ที่อยู่	쮸ˋ 즈ˇ **住址**
ˇ비엔 바오 땅 **viện bảo tàng**	피핏 타판 พิพิธภัณฑ์	보어 우 관 **博物馆**
바오 땅 응애 투엇 **bảo tàng nghệ thuật**	피핏타판 쓰이라빠 พิพิธภัณฑ์ศิลปะ	메이 쑤ˇ 관 **美术馆**
응언 항 **ngân hàng**	타나 카안 ธนาคาร	인ˊ 항ˊ **银行**
꽌 까 ˈ페 **quán cà phê**	카페 คาเฟ่	카 페이ˉ 팅ˉ **咖啡厅**
끄어 항 **cửa hàng**	껩 เก็บ	썅ˉ 띠엔ˋ **商店**
너이 반 ˇ베 **nơi bán vé**	뚜 또아 ตู้ตั๋ว	셔ˋ우 퍄오 츄ˋ **售票处**
디엠 증 쎄 뷧 **điểm dừng xe buýt**	빠이 롯매 ป้ายรถเมล์	꿍ˉ 쨔오ˋ 쳐ˉ 짠ˋ **公交车站**
가 떠우 **ga tàu**	싸 타니 สถานี	쳐ˉ 짠ˋ **车站**

179

지하철역을 찾고 있어요.

영

아이 앰 을루킹 포'어 어 썹웨이 스떼이션.

I am looking for a subway station.

나 이다 보고 있는 위해 하나의 지하철역.

일

치카테츠 에키 오 사가시테 이마스.

地下鉄駅 を 探して います。

지하철역 을 찾고 있습니다.

베

또이 당 띰 못 가 떠우 디엔 응엄.

Tôi đang tìm một ga tàu điện ngầm.

나 ~하고 있다 찾다 하나 역 지하철.

태

폼 깜랑 하 사타아니 롯 파이'파'유 크랍.

ผม กำลัง หา สถานี รถไฟฟ้า อยู่ ครับ.

나 현재진행 찾다 역 기차 있다 요.

중

워 짜이 쟈'오 띠티에쨘.

wǒ zài zhǎo dìtiězhàn.

我 在 找 地铁站。

나 ~하고 있다 찾다 지하철역.

180

4 교통
길찾기

하우 ᅵ 캔 ᅵ 아이 ᅵ 겟 ᅵ 데어´?
How ᅵ **can** ᅵ **I** ᅵ **get** ᅵ **there?**
어떻게 ᅵ 할 수 있다 ᅵ 나 ᅵ 도달하다 ᅵ 거기에?

영

소코 ᅵ 에 ᅵ 도오 ᅵ 얕테 ᅵ 이케마스카?
そこ ᅵ **へ** ᅵ **どう** ᅵ **やって** ᅵ **行けますか?**
거기 ᅵ 에 ᅵ 어떻게 ᅵ 해서 ᅵ 갈 수 있습니까?

일

람 ᅵ 테 나오 ᅵ 데 ᅵ 또이 ᅵ 꺼 테 ᅵ 덴 ᅵ 더?
Làm ᅵ **thế nào** ᅵ **để** ᅵ **tôi** ᅵ **có thể** ᅵ **đến** ᅵ **đó?**
하다 ᅵ 어떻게 ᅵ ~에게 ᅵ 나 ᅵ 가능하다 ᅵ 도착하다 ᅵ 거기?

베

폼 ᅵ 짜 ᅵ 빠이 ᅵ 티 난 ᅵ 다이 ᅵ 양응아이 ᅵ 크랍?
ผม ᅵ **จะ** ᅵ **ไป** ᅵ **ที่นั่น** ᅵ **ได้** ᅵ **อย่างไร** ᅵ **ครับ?**
나 ᅵ 미래 ᅵ 가다 ᅵ 그곳 ᅵ 가능하다 ᅵ 어떻게 ᅵ 요?

태

전 머 ᅵ 저우?
zěn me ᅵ zǒu?
怎么 ᅵ **走?**
어떻게 ᅵ 가다?

중

181

이쪽이에요.

영
디쓰 웨이.
This way.
이쪽 길.

일
코치라 데스.
こちら です。
이쪽 입니다.

베
로이 나이.
Lối này.
길 이(것).

태
타응 니 크랍.
ทาง นี้ ครับ.
길 이 지시 요.

중
쓰「 쩌「 삐엔.
shì zhè biān.
是 这边.
이다 이쪽.

120

거기까지
걸어서 갈 수 있나요?

4 교통
길찾기

캔 아이 고우 데어ʳ 어언 푸f트?
Can I go there on foot?
할 수 있다 나 가다 거기에 ~으로 발?

영

소코 마데 아루이테 이케마스카?
そこ まで 歩いて 行けますか?
거기 까지 걸어서 갈 수 있습니까?

일

또이 꺼 테 디보 떠이 더 콤?
Tôi có thể đi bộ tới đó không?
나 가능하다 걷다 도착하다 거기 부정?

베

---

*더언과 드온의 중간 발음
싸맛 더언(드온) 빠이 트응 티난 다이 마이 크랍?
สามารถ เดิน ไป ถึง ที่นั่น ได้ ไหม ครับ?
가능하다 걷다 가다 도착 그곳 가능하다 의문 요?

태

커 이 저우 을루 취 나 을리 마?
kě yǐ zǒu lù qù nà lǐ ma?
可以 走路 去 那里 吗?
할 수 있다 걷다 가다 거기 의문?

중

183

	영어	일본어
자전거	바이ᄊ이클 **bicycle**	지텐샤 自転車
오토바이	모우터ᄀ싸이클 **motorcycle**	오-토바이 オートバイ
자동차	카아ᄀ **car**	지도오샤 自動車
택시	택ᄊ이 **taxi**	탁시- タクシー
버스	버ᄊ **bus**	바스 バス
지하철	썹웨이 **subway**	치카테츠 地下鉄
기차	트뤠인 **train**	렛샤 列車
배	쉬입 **ship**	후네 船
비행기	에어ᄀ플레인 **airplane**	히코오키 飛行機

베트남어	태국어	중국어
쎄 답 **xe đạp**	롯 짝 끄라 얀 รถจักรยาน	쯔 싱 쳐 **自行车**
쎄 마이 **xe máy**	롯 머 뜨어 싸이 รถมอเตอร์ไซค์	모어 투어 쳐 **摩托车**
쎄 허이 **xe hơi**	롯 รถ	치 쳐 **汽车**
쎄 딱 씨 **xe tắc xi**	롯 택쓰이 รถแท็กซี่	츄 쭈 쳐 **出租车**
쎄 뷧 **xe buýt**	롯 밧 รถบัส	꿍 쨔오 **公交**
떠우 디엔 응엄 **tàu điện ngầm**	롯 파이 따이딘 รถไฟใต้ดิน	띠 티에 **地铁**
쎄 르어 **xe lửa**	롯 파이 รถไฟ	후어 쳐 **火车**
따우 **tàu**	르아 เรือ	추안 **船**
마이 바이 **máy bay**	크르앙 빈 เครื่องบิน	페이 찌 **飞机**

185

**직선으로
쭉 가세요.**

영 고우 ｜ 스트뤠이트.
Go ｜ straight.
가다 ｜ 곧장.

일 맛스구 ｜ 잍테 ｜ 쿠다사이.
まっすぐ ｜ 行って ｜ ください。
곧장 ｜ 가 ｜ 주세요.

베 디 ｜ 탕.
Đi ｜ thẳng.
가다 ｜ 곧장.

태 또롱 ｜ 빠이 ｜ 크랍.
ตรง ｜ ไป ｜ ครับ.
똑바로 ｜ 가다 ｜ 요.

중 즈ˇ ｜ 저우.
zhí ｜ zǒu.
直 ｜ 走.
곧장 ｜ 가다.

186

7번 버스를 타세요.

테이크 더 버쓰 넘버 쎄븐.

Take | the bus | number | 7.

타다 | 그 버스 | 번호 | 7.

영

나나 방 바스 니 노레바 이이 데스.

七 | 番 | バス | に | 乗れば | いい | です。

7 | 번 | 버스 | 에 | 타면 | 좋다 | 입니다.

일

디 쎄 뷧 쏘 바이.

Đi | xe buýt | số | bảy.

타다 | 버스 | 번호 | 7.

베

큰 롯매 싸이 쩻.

ขึ้น | รถเมล์ | สาย 7.

타다 | 버스 | 선 7.

태

쭈어 치 하오 꿍 쨔오.

zuò | qī | hào | gōng jiāo.

坐 | 7 | 号 | 公交.

앉다 | 7 | 번 | 버스.

중

일상표현

비상상황

비행

교통(길 찾기)

숙박

식사

쇼핑

관광

PART 05

숙박

방에 문제가 있는 경우

TV나 에어컨이 작동하지 않는 등
방에 문제가 있는데
마냥 참고 있을 수는 없겠지요.

프런트 데스크에 직접 가거나
전화를 해서 문제점을 말하면,
문제를 직접 해결해 주거나
방을 바꿔줄 것입니다.

123
뜨거운 물이 나오지 않아요.

영

데어「 이즈 ┃ 노우 ┃ 핫 워어터「.
There is ┃ no ┃ hot water.
있다 ┃ 0의 ┃ 뜨거운 물.

일

오유 ┃ 가 ┃ 데 ┃ 마셍.
お湯 ┃ が ┃ 出 ┃ ません。
뜨거운 물 ┃ 이 ┃ 나옴 ┃ 하지 않습니다.

베

콤 꺼 ┃ 느억 ┃ 넘.
Không có ┃ nước ┃ nóng.
아니다 물 ┃ 뜨거운.

태

나암 ┃ 런 ┃ 마이 ┃ 탐 ┃ 응안 ┃ 크랍.
น้ำ ┃ ร้อน ┃ ไม่ ┃ ทำ ┃ งาน ┃ ครับ.
물 ┃ 뜨겁다 ┃ 부정 ┃ 하다 ┃ 일 ┃ 요.

중

뿌 ┃ 츄「 ┃ 러 쉐「이 ┃ 을러.
bù ┃ chū ┃ rè shuǐ ┃ le.
不 ┃ 出 ┃ 热水 ┃ 了.
부정 ┃ 나오다 ┃ 뜨거운 물 ┃ 완료.

124

에어컨이
작동하지 않아요.

디 에어「-컨디셔너「 더즌트 워어「크.
The air-conditioner doesn't work.
그 에어컨 [부정] 작동하다.

영

에아콩 가 키키 마셍.
エアコン が 効き ません。
에어컨 이 효과 있음 하지 않습니다.

일

디에우 화 콤 홧 동.
Điều hòa không hoạt động.
에어컨 [부정] 활동하다.

베

크르앙 쁘랍 아깟 마이 탐 응아은 크랍.
เครื่อง ปรับอากาศ ไม่ ทำ งาน ครับ.
기계 온도를 조절하다 [부정] 하다 일 요.

태

쿵 탸오 다 부 카이.
kòng tiáo dǎ bu kāi.
空调 打不开.
에어컨 열리지 않는다.

중

		영어	일본어
텔레비전		텔레비^v전 **television**	테레비 テレビ
미니 바 (냉장고)		미니 바아^r **mini bar**	미니바- ミニバー
에어컨		에어^r 컨디셔너^r **air conditioner**	에아콩 エアコン
선풍기		팬^f **fan**	셈푸우키 扇風機
전등		을램프 **lamp**	람푸 ‖ 덴토오 ランプ ‖ 電灯
전화기		텔레포^f운 **telephone**	뎅와 電話
인터넷		인터^r넷 **Internet**	인타-넵토 インターネット
무선인터넷		와이파^f이 **Wi-Fi**	와이화이 ワイファイ
금고		쎄이프^f티-디파짓-바악쓰 **safety-deposit-box**	킹코 金庫
문		도오어^r **door**	도아 ドア

베트남어	태국어	중국어
띠비 tivi	티위 ทีวี	띠엔 쓰 **电视**
미니 바 mini bar	뚜 옌 카낫 렉 ตู้เย็นขนาดเล็ก	샤오 삥 씨앙 **小冰箱**
디우 화 điều hòa	크르앙 쁘랍 아깟 เครื่องปรับอากาศ	쿵 탸오 **空调**
꾸앗 quạt	팟 롬 พัดลม	띠엔 펑 쌴 **电风扇**
덴 đèn	콤 파이 โคมไฟ	띠엔 떵 **电灯**
디엔 토와이 điện thoại	토라샵 โทรศัพท์	띠엔 화 **电话**
인터넷 internet	인떠넷 อินเทอร์เน็ต	후 을리엔 왕 **互联网**
와이파이 Wi-Fi	와이 파이 ไวไฟ	와이화이 **Wi-Fi**
껠 안 또안 két an toàn	뚜 니라 파이 ตู้นิรภัย	바오 시엔 씨앙 **保险箱**
끄어 cửa	쁘라 뚜 ประตู	먼 **门**

125
옆방이 너무 시끄러워요.

영

마이 넥스트 도오어「 이즈 투우 노이지.
My next door is too noisy.
나의 옆 방 이다 너무 시끄러운.

일

토나리 노 헤야 가 토테모 우루사이 데스.
隣 の 部屋 が とても うるさい です。
이웃 ~의 방 이 너무 시끄럽다 입니다.

베

「퐁 벤 깐 꽈 온 아오.
Phòng bên cạnh quá ồn ào.
방 옆의 너무 시끄러운.

태

카앙 허엉 씨양 당 끄은 바이 크랍.
ข้าง ห้อง เสียง ดัง เกินไป ครับ.
옆에 방 소리 소리가 크다 매우 요.

중

거 삐 타이 챠오 을러.
gé bì tài chǎo le.
隔壁 太 吵 了。
이웃 너무 시끄럽다 **강조**.

194

126
내 방을 바꾸고 싶어요.

아이 | 원트 | 투 | 췌인쥐 | 마이 | 루움.
I | want | to change | my room.
나 | 원하다 | 바꾸기 | 내 방.

영

헤야 | 오 | 카에 | 타이 | 데스.
部屋 | を | 替え | たい | です.
방 | 을 | 바꿈 | ~하고 싶다 | 입니다.

일

또이 | 무온 | 도이 | 「퐁 | 꾸어 | 또이.
Tôi | muốn | đổi | phòng | của | tôi.
나 | 원하다 | 바꾸다 | 방 | ~의 | 나.

베

폼 | 야악 | 쁠리안 | 허엉 | 크랍.
ผม | อยาก | เปลี่ยน | ห้อง | ครับ.
나 | 하고 싶다 | 바꾸다 | 방 | 요.

태

워 | 시앙 | 환 | 팡^f | 찌엔.
wǒ | xiǎng | huàn | fáng jiān.
我 | 想 | 换 | 房间.
나 | 원하다 | 바꾸다 | 방.

중

195

열쇠를 잃어버렸어요.

영

아이 을로오스트 마이 키이.

I lost my key.

나 잃었다 내 열쇠.

일

카기 오 나쿠시 마시타.

鍵 を なくし ました。

열쇠 를 잃어버림 했습니다.

베

또이 멀 찌아 콰.

Tôi mất chìa khóa.

나 잃어버리다 열쇠.

태

폼 탐 꾼쩨 하이 크랍.

ผม ทำ กุญแจ หาย ครับ.

나 하다 열쇠 없어지다 요.

중

워 바 야오 스ˇ 띠우 을러.

wǒ bǎ yào shi diū le.

我 把 钥匙 丢 了。

나 ~을 열쇠 잃어버리다 완료.

128

여기 502호인데요.

디쓰 이즈 루움 넘버ʳ 파ᶠ이브ᵛ 오우 투우.
This is room number 502.
이것 이다 방 번호 502.

영

고마루니 고오 시츠 데스.
502 号室 です.
502 호실 입니다.

일

더이 라 ᶠ퐁 쏘 남콤하이.
Đây là phòng số 502.
여기 이다 방 번호 502.

베

허엉 니 크 허엉 하 쑨 썽 크랍.
ห้อง นี้ คือ ห้อง 502 ครับ.
방 이 지시 이다 방 502 요.

태

쩌ʳ 을리 우 을링 얼 하오 팡ᶠ.
zhè lǐ wǔ líng èr hào fáng.
这里 502 号 房.
여기 502 호 방.

중

197

인터넷을
사용할 수 있나요?

영

캔 아이 유우즈 디 인터「네트?
Can I use the Internet?
할 수 있다 | 나 | 사용하다 | 그 인터넷?

일

인타-넫토 데키 마스카?
インターネット でき ますか?
인터넷 | 됨 | 합니까?

베

또이 꺼 테 쓰 중 인떠넷 콤?
Tôi có thể sử dụng Internet không?
나 | 가능하다 | 사용하다 | 인터넷 | 부정 ?

태

커어 차이 인떠넷 다이 마이 크랍?
ขอ ใช้ อินเทอร์เน็ต ได้ ไหม ครับ?
부탁 | 사용하다 | 인터넷 | 가능하다 | 의문 | 요?

중

커 이 융 왕 마?
Kě yǐ yòng wǎng ma?
可以 用 网 吗?
할 수 있다 | 사용하다 | 인터넷 | 의문 ?

130
변환 플러그가 있나요?

두우 | 유우 | 해브 | 언 어댑터?
Do | you | have | an adaptor?
하다 | 너 | 가지고 있다 | 하나의 변환기?

영

헹캄푸라구 | 아리 | 마스카?
変換プラグ | あり | ますか?
변환 플러그 | 있음 | 합니까?

일

반 | 꺼 | 오 깜 쭈이엔 도이 | 콤?
Bạn | có | ổ cắm chuyển đổi | không?
너 | 가지다 | 변환 플러그 | 부정?

베

미 | 아 댑 뜨어 | 마이 | 크랍?
มี | อะแดปเตอร์ | ไหม | ครับ?
있다 | 변환기 | 의문 | 요?

태

여우 | 챠 터우 | 마?
yǒu | chā tóu | ma?
有 | 插头 | 吗?
있다 | 플러그 | 의문?

중

199

131
셔틀버스가
있나요?

영

두우 유우 해ㅂ 어 셔틀 버스?

Do you have a shuttle bus?

하다 너 가지고 있다 하나의 셔틀버스?

일

샤토루바스 와 아리 마스카?

シャトルバス は あり ますか?

셔틀버스 는 있음 합니까?

베

반 꺼 쎄 뷧 드어 던 콤?

Bạn có xe buýt đưa đón không?

너 가지다 버스 보내고 맞이하다 부정?

태

미 롯 랍 쏭 마이 크랍?

มี รถรับส่ง ไหม ครับ?

있다 셔틀버스 의문 요?

중

니 먼 여우 빤 쳐 마?

nǐ men yǒu bān chē ma?

你们 有 班车 吗?

너희들 있다 셔틀버스 의문?

132
택시를 좀 불러 주세요.

코올 어 택쓰이, 플리이즈.
Call a taxi, please.
부르다 하나의 택시, 부탁합니다.

영

탁시- 오 욘데 쿠다사이.
タクシー を 呼んで ください。
택시 를 불러 주세요.

일

거이 딱시 쥼 또이.
Gọi taxi giùm tôi.
전화하다 택시 ~위해 나.

베

리약 택씨 하이 너어이 크랍.
เรียก แท็กซี่ ให้ หน่อย ครับ.
부르다 택시 주다 조금 요.

태

빵 워 쨔오 이 을리앙 츄「쭈 쳐「.
bāng wǒ jiào yí liàng chū zū chē.
帮 我 叫 一 辆 出租车.
돕다 나 부르다 하나 대 택시.

중

너무 더워요.

영

잇츠 ㅣ 투우 하트.

It's ㅣ too hot.

이것은 ~이다 ㅣ 너무 더운.

일

토테모 ㅣ 아츠이 ㅣ 데스.

とても ㅣ 暑い ㅣ です。

너무 ㅣ 덥다 ㅣ 입니다.

베

너 ㅣ 꽈 ㅣ 넘.

Nó ㅣ quá ㅣ nóng.

그(것) ㅣ 너무 ㅣ 뜨거운.

태

런 ㅣ 끄은 바이 ㅣ 크랍.

ร้อน ㅣ เกินไป ㅣ ครับ.

뜨겁다 ㅣ 매우 ㅣ 요.

중

타이 ㅣ 러 ㅣ 올러.

tài ㅣ rè ㅣ le.

太 ㅣ 热 ㅣ 了.

너무 ㅣ 덥다 ㅣ 끝냄.

134

방을 예약할 수 있을까요?

캔 아이 부크 어 루움? 영

Can I book a room?

할 수 있다 나 예약하다 하나의 방?

헤야 노 요야쿠 오 시 타이 노 데스가. 일

部屋 の 予約 を し たい の ですが.

방 ~의 예약 을 함 ~하고 싶다 것 입니다만.

또이 꺼 테 닷 f퐁 드억 콤? 베

Tôi có thể đặt phòng được không?

나 가능하다 예약하다 방 가능하다 부정 ?

커어 쩡 허엉 너어이 크랍? 태

ขอ จอง ห้อง หน่อย ครับ?

원하다 예약하다 방 조금 요?

커 이 위 띵 팡f 찌엔 마? 중

kě yǐ yù dìng fáng jiān ma?

可以 预定 房间 吗?

할 수 있다 예약하다 방 의문 ?

135

싱글룸으로 주세요.

영
쓰잉글 루움, 플리이즈.
Single room, please.
싱글룸. 부탁합니다.

일
싱구루루-무 쿠다사이.
シングルルーム ください。
싱글룸 주세요.

베
쩌 또이 ᶠ퐁 던.
Cho tôi phòng đơn.
주다 나 방 단독의.

태
커어 허엉 띠양 디야우 크랍.
ขอ ห้อง เตียง เดี่ยว ครับ.
원하다 방 침대 단독 요.

중
칭 게이 워 딴 런 찌엔.
qǐng gěi wǒ dān rén jiān.
请 给 我 单人间.
부탁하다 [존칭] 주다 나 싱글룸.

136

숙박료가
얼마인가요?

왓 | 이즈 | 더 루움 | 뤠이트?
What | is | the room | rate?
무엇 | 이다 | 그 방 | 요금?

영

슈쿠하쿠료오 | 와 | 이쿠라 | 데스카?
宿泊料 | は | いくら | ですか?
숙박료 | 는 | 얼마 | 입니까?

일

쟈 | ᶠ퐁 | 라 | 바오 니에우?
Giá | phòng | là | bao nhiêu?
가격 | 방 | 이다 | 얼마나?

베

카 | 허엉 | 타우 라이 | 크랍?
ค่า | ห้อง | เท่าไร | ครับ?
가격 | 방 | 얼마 | 요?

태

팡ᶠ 찌엔 | 페ᶠ이 융 | 쓰ʳ | 뚜어 샤ʳ오?
fáng jiān | fèi yòng | shì | duō shǎo?
房间 | 费用 | 是 | 多少?
방 | 비용 | 이다 | 얼마?

중

		영어	일본어
싱글 침대		쓰잉글 베드 **single bed**	싱구루 벧도 シングル ベッド
더블 침대		더블 베드 **double bed**	다부루 벧도 ダブル ベッド
트윈 침대		트윈 베드 **twin bed**	츠인 벧도 ツイン ベッド
간이침대		엑쓰트뤄 베드 **extra bed**	에키스토라 벧도 エキストラ ベッド
룸 서비스		루움 써어「비ᵛ스 **room service**	루–무 사–비스 ルーム サービス
모닝 콜		웨이크 업 코올 **wake-up call**	모–닝구 코–루 モーニング コール
수건		타우얼 **towel**	타오루 タオル
빗		브뤄쉬 **brush**	부라시 ブラシ
비누		쏘웁 **soap**	섹켕 石鹸

베트남어	태국어	중국어
지으엉 던 **giường đơn**	띠양 디야오 เตียงเดี่ยว	딴 런 추'앙 **单人床**
지으엉 도이 **giường đôi**	띠양 쿠 เตียงคู่	쓔'앙 런 추'앙 **双人床**
지으엉 도이 **giường đôi**	띠양 쿠 เตียงคู่	을리앙 쨩 딴 런 추'앙 **两张单人床**
지으엉 '푸 **giường phụ**	띠양 스엄 เตียงเสริม	찌아 추'앙 **加床**
직 부 '퐁 **dịch vụ phòng**	룸 써비스 รูมเซอร์วิส	커 팡 '푸 우 **客房服务**
거이 져이 **gọi dậy**	토 쁠룩 โทรปลุก	쨔오 싱 '푸 우 **叫醒服务**
칸 땀 **khăn tắm**	파 콘누 ผ้าขนหนู	마오 찐 **毛巾**
반 짜이 **bàn chải**	쁘랭 แปรง	쓔' 즈 **梳子**
싸 봉 **xà bông**	싸부우 สบู่	페이 짜오 **肥皂**

137
침대를 추가로
이용할 수 있어요?

영

캔 ᅵ 아이 ᅵ 해브ᵛ ᅵ 언 엑쓰트뤄 베드?
Can ᅵ I ᅵ have ᅵ an extra bed?
할 수 있다 ᅵ 나 ᅵ 가지다 ᅵ 하나의 여분의 침대?

일

에키스토라 ᅵ 벧도 ᅵ 오 ᅵ 모라에마스카?
エキストラ ᅵ ベッド ᅵ を ᅵ もらえますか?
추가 ᅵ 침대 ᅵ 를 ᅵ 받을 수 있습니까?

베

또이 ᅵ 꺼 테 ᅵ 꺼 ᅵ 템 ᅵ 지으엉 ᅵ 콤?
Tôi ᅵ có thể ᅵ có ᅵ thêm ᅵ giường ᅵ không?
나 ᅵ 가능하다 ᅵ 긍정 ᅵ 추가 ᅵ 침대 ᅵ 부정?

태

커어 ᅵ 띠양 ᅵ 쓰어엄 ᅵ 다이 ᅵ 마이 ᅵ 크랍?
ขอ ᅵ เตียง ᅵ เสริม ᅵ ได้ ᅵ ไหม ᅵ ครับ?
부탁 ᅵ 침대 ᅵ 보충하다 ᅵ 가능하다 ᅵ 의문 ᅵ 요?

중

커 이 ᅵ 찌아 ᅵ 추「앙 ᅵ 마?
kě yǐ ᅵ jiā ᅵ chuáng ᅵ ma?
可以 ᅵ 加 ᅵ 床 ᅵ 吗?
할 수 있다 ᅵ 추가하다 ᅵ 침대 ᅵ 의문?

138
방 번호를
알려 주세요.

유어「 루움 넘버「, 플리이즈.
Your room number, please.
너의 방 번호, 부탁합니다.

영

헤야 방고오 오 오시에테 쿠다사이.
部屋 番号 を 教えて ください。
방 번호 를 알려 주세요.

일

씬 쩌 또이 쏘 「퐁 꾸어 반.
Xin cho tôi số phòng của bạn.
청하다 주다 나 번호 방 ~의 너.

베

마이 을랙 허엉 아 라이 크랍?
หมายเลข ห้อง อะไร ครับ?
번호 방 무엇 요?

태

칭 까오 수 워 팡「 찌엔 하오.
qǐng gào su wǒ fáng jiān hào.
请 告诉 我 房间 号.
부탁하다 [존칭] 말하다 나 방 번호.

중

209

	영어	일본어
환율	익쓰췌인쥐 뤠잇 **exchange rate**	카와세 레–토 為替 レート
사용료	유우쓰이쥐 피^{f}이 **usage fee**	시요오 료오 使用料
봉사료	써어^{r}비^{v}스 촤아^{r}쥐 **service charge**	사–비스 챠–지 サービス チャージ
할증 요금	엑쓰트뤄 촤아^{r}쥐 **extra charge**	츠이카료오킹 追加料金
객실별 가격	루움 뤠잇 **room rate**	시츠료오 室料
입장료	어드미쎤 피^{f}이 **admission fee**	뉴우죠오료오 入場料
표	티킷 **ticket**	치켇토 | 킵푸 チケット | 切符

베트남어	태국어	중국어
띠 쟈 **tỷ giá**	앗트라 을랙 삐안 อัตราแลกเปลี่ยน	후이 을뤼 **汇率**
^ᶠ피 쓰 쥼 **phí sử dụng**	카 탐 니암 ในการใช้งาน	스^ʳ 융 페이 **使用费**
^ᶠ피 직 ^ᵛ부 **phí dịch vụ**	카 버리깐 ค่าบริการ	푸^ᶠ 우 페이 **服务费**
^ᶠ피 ^ᶠ푸 템 **phí phụ thêm**	카 차이 짜이 프엄 ค่าใช้จ่ายเพิ่ม	푸^ᶠ 찌아 페이 **附加费**
쟈 ^ᶠ퐁 **giá phòng**	카헝 ค่าห้อง	팡^ᶠ 찌아 **房价**
^ᶠ피 ^ᵛ바오 끄어 **phí vào cửa**	카 카우 촘 ค่าเข้าชม	루 창^ʳ 페^ᶠ이 **入场费**
^ᵛ베 **vé**	또아 ตั๋ว	퍄오 **票**

211

체크인하고 싶습니다.

영

쿼크 인, 플리이즈.
Check in, please.
체크인, 부탁합니다.

일

첵쿠인 시 타이 데스.
チェックイン し たい です。
체크인 함 ～하고 싶다 입니다.

베

쩌 또이 체크 인.
Cho tôi check in.
하게 하다 나 체크인.

태

첵 인 크랍.
เช็คอิน ครับ.
체크인 요.

중

워 시앙 떵 찌.
wǒ xiǎng dēng jì.
我 想 登记.
나 하고 싶다 체크인하다.

140

예약하셨나요?

디드 유우 메이크 어 뤠져「베ᵛ이션?
Did you make a reservation?
했다 너 만들다 하나의 예약?

영

요야쿠 시 마시타카?
予約 し ましたか?
예약 함 했습니까?

일

반 다 닷 ᶠ퐁 쯔어?
Bạn đã đặt phòng chưa?
너 과거 예약하다 방 아직?

베

쿤 쩡 르으 야앙 크랍?
คุณ จอง หรือ ยัง ครับ?
당신 예약하다 아니면 아직 요?

태

닌 위 위에 을러 마?
nín yù yuē le ma?
您 预约 了 吗?
당신 예약하다 완료 의문 ?

중

213

141 인터넷으로 예약했어요.

영

아이 메이드 어 뤼져「베ˇ이션 온라인.
I made a reservation online.
나 만들었다 하나의 예약 온라인으로.

일

넨토 데 요야쿠 시 마시타.
ネット で 予約 し ました。
인터넷 으로 예약 함 했습니다.

베

또이 다 닷 「퐁 온라인.
Tôi đã đặt phòng online.
나 과거 예약하다 방 온라인.

태

폼 쩡 와이 타응 어언 을라인 크랍.
ผม จอง ไว้ ทาง ออนไลน์ ครับ.
나 예약 ~해두다 방법 온라인 요.

중

워 짜이 왕 쌍「 위 띵 을러.
wǒ zài wǎng shàng yù dìng le.
我 在 网上 预订 了.
나 ~에서 인터넷상 예약하다 완료.

142
여권 좀
보여 주시겠어요?

대 한 민 국
REPUBLIC OF KOREA

메이 아이 쓰이 유어「 패쓰포어「트?
May I see your passport?
해도 될까요 보다 너의 여권?

영

파스포-토 오 미세테 모라에마스카?
パスポート を 見せて もらえますか?
여권 을 보여 받을 수 있습니까?

일

또이 꺼 테 쎔 호 찌에우 꾸어 반 콤?
Tôi có thể xem hộ chiếu của bạn không?
나 가능하다 보다 여권 ~의 너 부정?

베

커어 두 나앙 쓰으 더언 타응 너어이 크랍?
ขอ ดู หนังสือ เดินทาง หน่อย ครับ?
원하다 보다 책 여행하다 조금 요?

태

칭 게이 워 칸 이 씨아 후 쨔「오.
qǐng gěi wǒ kàn yí xià hù zhào.
请 给 我 看 一下 护照.
부탁하다 조정 주다 나 보다 좀 ~하다 여권.

중

215

143
아침 식사는 언제인가요?

영

왓 타임 | 이즈 | 브뤡퍼f스트?
What time | is | breakfast?
몇 시 | 이다 | 아침 식사?

일

쵸오쇼쿠 | 와 | 이츠 | 데스카?
朝食 | は | いつ | ですか?
조식 | 은 | 언제 | 입니까?

베

브어 쌍 | 룹 머이 져?
Bữa sáng | lúc mấy giờ?
아침 | 몇 시?

태

웰라 | 낀 | 아한 | 차우 | 끼 | 몽 | 크랍?
เวลา | กิน | อาหาร | เช้า | กี่ | โมง | ครับ?
시간 | 먹다 | 음식 | 아침 | 몇 | 시 | 요?

중

칭 | 원 | 자오 찬 | 쓰ʳ | 지 | 디엔?
qǐng | wèn | zǎo cān | shì | jǐ | diǎn?
请 | 问 | 早餐 | 是 | 几 | 点?
부탁하다 존칭 | 묻다 | 아침 | 이다 | 몇 | 시?

216

144
가방을 보관해 주실 수 있나요?

캔 | 유우 | 키입 | 마이 배그스?
Can | you | keep | my bags?
할 수 있다 | 너 | 보관하다 | 내 가방들?

영

첵쿠인 | 마에니 | 카방 | 오 | 호칸 | 시테 | 이타다케마스카?
チェックイン | 前に | カバン | を | 保管 | して | 頂けますか?
체크인 | 전에 | 가방 | 을 | 보관 | 해 | 받을 수 있습니까?

일

반 | 꺼 테 | 즈으 | 뚜이 | 줌 | 또이 | 콤?
Bạn | có thể | giữ | túi | giùm | tôi | không?
너 | 가능하다 | 지속하다 | 가방 | ~위해 | 나 | 부정?

베

커어 | 팍 | 끄라 빠우 | 너어이 | 크랍.
ขอ | ฝาก | กระเป๋า | หน่อย | ครับ.
부탁하다 | 맡기다 | 가방 | 조금 | 요.

태

떵 찌 | 치엔 | 커이 | 빵 | 워 | 바오 관 | 싱 을리 | 마?
dēng jì | qián | kě yǐ | bāng | wǒ | bǎo guǎn | xíng lǐ | ma?
登记 | 前 | 可以 | 帮 | 我 | 保管 | 行李 | 吗?
체크인 | 전 | 할 수 있다 | 돕다 | 나 | 보관하다 | 짐 | 의문?

중

217

일상표현

비상상황

비행

교통 (길 찾기)

숙박

식사

쇼핑

관광

레몬그라스를 조심하자

향이 강한 향신료에는
고수풀만 있는 것이 아닙니다.

레몬그라스는 이름처럼 레몬 향과 함께
새콤한 맛이 나는 향신료입니다.
레몬그라스는
태국어로 타아크라이홈 ตะไคร้หอม
베트남어로는 싸 sả 라고 하니,
향에 민감하신 분은
미리 빼달라고 하는 것이 좋습니다.

저기요.
(종업원을 부를 때)

영

익쓰큐우즈 ㅣ 미이.

Excuse ㅣ me.

양해하다 ㅣ 나.

일

스미마셍.

すみません。

저기요 (종업원을 부를 때).

베

엠 ㅣ 어이.

Em ㅣ ơi.

동생 ㅣ (부르는말).

태

커 토옷 ㅣ 크랍.

ขอโทษ ㅣ ครับ.

미안하다 ㅣ 요.

중

푸^f 우 위엔.

fú wù yuán.

服务员.

종업원.

146

메뉴판 주세요.

메뉴우, 플리이즈.
Menu, please.
메뉴판. 부탁합니다.

영

메뉴- 쿠다사이.
メニュー ください。
메뉴 주세요.

일

쩌 또이 까이 메뉴.
Cho tôi cái menu.
주다 나 그 메뉴판.

베

커어 매누 크랍.
ขอ เมนู ครับ.
원하다 메뉴 요.

태

칭 게이 워 차이 딴.
qǐng gěi wǒ cài dān.
请 给 我 菜单.
부탁하다 존칭 주다 나 메뉴.

중

221

		영어	일본어
소금		써얼트 **salt**	시오 塩
설탕		슈거 **sugar**	사토오 砂糖
후추		페뻐 **pepper**	코쇼오 胡椒
간장		쏘이 쏘오스 **soy sauce**	쇼오유 醬油
된장		쏘이비인 페이스트 **soybean paste**	미소 味噌
식초		비니거 **vinegar**	스 す
와사비		와사아비 **wasabi**	와사비 わさび
고추기름		치을리 오일 **chili oil**	라ー유 ラーユ

베트남어	태국어	중국어
무오이 **muối**	끌르아 เกลือ	옌 **盐**
드엉 **đường**	남 딴 น้ำตาล	쌰' 탕 **砂糖**
띠우 **tiêu**	프릭 타이 พริกไทย	후 쨔오 **胡椒**
느억 뜨엉 **nước tương**	씨 이우 ซีอิ๊ว	찌앙 여우 **酱油**
더우 난 **đậu nành**	따우 찌야우 เต้าเจี้ยว	떠우 찌앙 **豆酱**
쩜 **giấm**	남솜 싸이 추 น้ำส้มสายชู	추 **醋**
와사비 **wasabi**	와사비 วาซาบิ	쌴' 쿠이 찌앙 **山葵酱**
져우 얻 **dầu ớt**	남 만 프릭 น้ำมันพริก	을라 쨔오 여우 **辣椒油**

223

한국어		영어	일본어
소스		쏘오ㅅ **sauce**	소-스 ソース
케찹		케첩 **ketchup**	케챱푸 ケチャップ
마요네즈		메이어네이즈 **mayonnaise**	마요네-즈 マヨネーズ
타르타르 소스		타아r터어r 쏘오ㅅ **tartar sauce**	타루타루 소-스 タルタル ソース
머스타드 소스		마ㅅ떠어r드 쏘오ㅅ **mustard sauce**	마스타-도 소-스 マスタード ソース
깨소스		쎄써미 쏘오ㅅ **sesame sause**	고마다레 ゴマダレ
데리야끼 소스		테리야키 쏘오ㅅ **teriyaki sauce**	테리야키 소-스 テリヤキ ソース
바비큐 소스		바아r베큐우 쏘오ㅅ **barbecue sauce**	바-베큐- 소-스 バーベキュー ソース
굴소스		오이스떠r 쏘오ㅅ **oyster sauce**	오이스타- 소-스 オイスター ソース
칠리소스		치을리 쏘오ㅅ **chili sauce**	치리 소-스 チリ ソース

베트남어	태국어	중국어
느억 쏟 **nước xốt**	써엇 ซอส	찌앙 쯔ˇ **酱汁**
쏟 까 쭈어 **sốt cà chua**	썻 마 크아 탯 ซอสมะเขือเทศ	판ˇ 치에 찌앙 **番茄酱**
마요네즈 **mayonnaise**	마영 냇 มายองเนส	딴ˋ 후앙 찌앙 **蛋黄酱**
쏟 타아ˊ따아ˊ **sốt tartar**	써엇 타타 ซอสทาร์ทา	타 타 찌앙 **塔塔酱**
쏟 무 딷 **sốt mù tạt**	써엇 마쓰 닷 ซอสมัสตาร์ด	찌에 모어 찌앙 **芥末酱**
쏟 븡 **sốt vừng**	남 사랏 응아 น้ำสลัดงา	마 찌앙 **麻酱**
쏟 떼리야끼 **sốt Teriyaki**	써엇 태리야끼 ซอสเทริยากิ	쨔ˋ오 샤ˋ오 쯔ˇ **照烧汁**
느억 쏟 팃 꽈이 **nước xốt thịt quay**	써엇 바비큐 ซอสบาร์บีคิว	샤ˋ오 카오 찌앙 **烧烤酱**
쏟 하우 **sốt hàu**	남 만 허이 น้ำมันหอย	하오 여우 **蚝油**
뜨엉 얻 **tương ớt**	써엇 프릭 ซอสพริก	을라 찌앙 여우 **辣酱油**

147
한국어 메뉴판 있어요?

영

두우 ㅣ 유우 ㅣ 해브ᵛ ㅣ 어 커뤼이안 메뉴우?
Do ㅣ you ㅣ have ㅣ a Korean menu?
하다 ㅣ 너 ㅣ 가지고 있다 ㅣ 하나의 한국어의 메뉴판?

일

캉코쿠고 ㅣ 노 ㅣ 메뉴- ㅣ 아리 ㅣ 마스카?
韓国語　の　メニュー　あり　ますか?
한국어 ㅣ ~의 ㅣ 메뉴 ㅣ 있음 ㅣ 합니까?

베

반 ㅣ 꺼 ㅣ 특 던 ㅣ 띠엥 한 꾸옥 ㅣ 콤?
Bạn ㅣ có ㅣ thực đơn ㅣ tiếng Hàn Quốc ㅣ không?
너 ㅣ 가지다 ㅣ 메뉴판 ㅣ 한국어 ㅣ 부정?

태

미 ㅣ 아한 ㅣ 가우 을리이 ㅣ 마이 ㅣ 크랍?
มี ㅣ อาหาร ㅣ เกาหลี ㅣ ไหม ㅣ ครับ?
있다 ㅣ 음식 ㅣ 한국 ㅣ 의문 ㅣ 요?

중

여우 ㅣ 한 위 ㅣ 차이 딴 ㅣ 마?
yǒu ㅣ hán yǔ ㅣ cài dān ㅣ ma?
有 ㅣ 韩语 ㅣ 菜单 ㅣ 吗?
있다 ㅣ 한국어 ㅣ 메뉴판 ㅣ 의문 ㅣ?

148

포장 부탁합니다.

테이크 아웃, 플리이즈.
Take out, please.
포장해가기. 부탁합니다.

영

모치 카에리 데 오네가이 시 마스.
持ち 帰り で お願い し ます。
가짐 돌아감 으로 부탁 함 합니다.

일

쩌 또이 망 디.
Cho tôi mang đi.
하게 하다 나 운반하다 가다.

베

아우 끌랍 바안 크랍.
เอา กลับ บ้าน ครับ.
가지다 돌아가다 집 요.

태

다 빠오 이 씨아.
dǎ bāo yí xià.
打包 一下.
포장하다 좀 ~하다.

중

		영어	일본어
주문		오오「더「 **order**	츄우몽 注文
접시		디쉬 **dish**	사라 皿
병		바아틀 **bottle**	빙 瓶
컵		컵 **cup**	콥푸 コップ
냅킨		냅킨 **napkin**	나푸킹 ナプキン
화장지		티슈 페이퍼「 **tissue paper**	티슈 페-파- ティシュ ペーパー
숟가락		스뿌운 **spoon**	스푸-웅 ¦ 사지 スプーン ¦ 匙
젓가락	‖	차압스띡쓰 **chopsticks**	하시 箸
포크	ⴞ	포「어「크 **fork**	훠-쿠 フォーク
칼		나이프「 **knife**	나이후 ナイフ

228

베트남어	태국어	중국어
거이 몬 **gọi món**	바이 쌍 ใบสั่ง	디엔 차이 **点菜**
몬 안 **món ăn**	짜안 จาน	판 즈 **盘子**
짜이 **chai**	코앗 ขวด	핑 즈 **瓶子**
꼭 **cốc**	토아이 ถ้วย	뻬이 즈 **杯子**
칸 안 **khăn ăn**	파 챗 빡 ผ้าเช็ดปาก	찬 찐 **餐巾**
칸 져이 **khăn giấy**	끄라 닷 티슈 กระดาษทิชชู่	웨이 썽 즈 **卫生纸**
까이 티아 **cái thìa**	처언 ช้อน	츠 즈 **匙子**
두어 **đũa**	따 기압 ตะเกียบ	콰이 즈 **筷子**
까이 니어 **cái nĩa**	썸 ส้อม	챠 즈 **叉子**
쟈오 **dao**	미잇 มีด	따오 **刀**

한 사람이
계산합니다.

영

원 | 비일.
One | bill.
하나의 | 계산서.

일

잇쇼니 | 카이케에 | 시테 | 쿠다사이.
一緒に | 会計 | して | ください。
함께 | 회계 | 해 | 주세요.

베

쩌 | 못 | 화 던 | 쭝.
Cho | một | hóa đơn | chung.
주다 | 하나 | 계산서 | 전체.

태

짜이 | 로암 | 크랍.
จ่าย | รวม | ครับ.
지급하다 | 합하다 | 요.

중

이 | 꺼 | 런 | 푸ᶠ. / 이 치 | 푸ᶠ.
yī | gè | rén | fù. / yì qǐ | fù.
一 | 个 | 人 | 付. / 一起 | 付.
하나 | 명 | 사람 | 지불하다. / 같이 | 지불하다.

150
각자
계산합니다.

쎄퍼뤠이트 비일스.
Separate bills.
나누어진 계산서들.
영

와케테 카이케에 시 마스.
分けて 会計 し ます。
나눠서 회계 함 합니다.
일

쩌 또이 탄 또안 지엥.
Cho tôi thanh toán riêng.
하게 하다 나 지불하다 따로.
베

짜이 역 크랍.
จ่าย แยก ครับ.
지불하다 나눠서 요.
태

꺼 푸f 꺼 더. / 펀f 카이 푸f.
gè fù gè de. / fēn kāi fù.
各 付 各 的。 / 分开 付。
각자 지불하다 각자 ~의 것. / 나누다 지불하다.
중

231

151
이거
공짜인가요?

영

이즈 잇 포[어 프[뤼이?
Is it for free?
이다 이것 ~으로 공짜?

일

코레, 타다 데스카?
これ、タダ ですか?
이것, 공짜 입니까?

베

너 꺼 미엔 [피 콤?
Nó có miễn phí không?
그것 공정 무료 부정 ?

태

프[리 르으 쁠라우 크랍?
ฟรี หรือเปล่า ครับ?
무료 인가요 요?

중

쩌[쓰[미엔 페[이 더 마?
zhè shì miǎn fèi de ma?
这 是 免费 的 吗?
이것 이다 무료이다 ~인 것 의문 ?

232

예약해 뒀어요.

아이 해브ᵛ 어 뤼져ʳ베ᵛ이션.
I have a reservation.
나 가지고 있다 하나의 예약.
영

요야쿠 시 마시타.
予約 し ました。
예약 함 했습니다.
일

또이 다 닷 쪼.
Tôi đã đặt chỗ.
나 과거 예약하다.
베

쩡 와이 을래우 크랍.
จอง ไว้ แล้ว ครับ.
예약 해두다 완료 요.
태

워 이 찡 위 띵 을러.
wǒ yǐ jīng yù dìng le.
我 已经 预定 了.
나 이미 예약하다 완료.
중

233

금연석으로 주세요.

영
난 스모우킹 에뤼어, 플리이즈.
Non-smoking area, please.
금연하는 구역, 부탁합니다.

일
킹엔세키 데 오네가이 시 마스.
禁煙席 で お願い し ます。
금연석 으로 부탁 함 합니다.

베
쩌 또이 쿠 븍 콤 훗 투옥.
Cho tôi khu vực không hút thuốc.
주다 나 구역 부정 흡연하다.

태
커어 또 티 응옷 쑤웁 부 리이 크랍.
ขอ โต๊ะ ที่ งด สูบ บุหรี่ ครับ.
원하다 테이블 ~인 금지하다 피우다 담배 요.

중
칭 게이 워 찐 옌 시.
qǐng gěi wǒ jìn yān xí.
请 给 我 禁烟席.
부탁하다 존칭 주다 나 금연석.

234

7시에
2명 예약이요.

뤠져「베ᵛ이션 · 엣 · 쎄븐ᵛ · 포「어「 · 투우.

Reservation at 7 for 2.

예약 ~에 7시 ~를 위해 두.

영

시치 · 지 · 니 · 후타리붕 · 데 · 요야쿠 · 시 · 타이 · 데스.

7 時 に 二人分 で 予約 し たい です。

7 시 로 2인분 으로 예약 함 ~하고 싶다 입니다.

일

쪼 · 쩌 · 하이 · 응어이 · 룹 · 바이 · 져.

Chỗ cho hai người lúc bảy giờ.

자리 ~에게 둘 사람들 ~에 일곱 시.

베

커어 · 쩡 · 떤 · 능툼 · 쌈 라압 · 썽콘 · 크랍.

ขอ จอง ตอน 1 ทุ่ม สำหรับ 2 คน ครับ.

원하다 예약하다 때 7시 ~에 대해서 2 사람 요.

태

워 · 시앙 · 위띵 · 치 · 디엔 · 더 · 쓔「앙런 · 찬 웨이.

wǒ · xiǎng · yù dìng · qī · diǎn · de · shuāng rén · cān wèi.

我 想 预定 7 点 的 双人 餐位。

나 하고 싶다 예약하다 7 시 ~의 2인 식탁.

중

235

좋은 식당을 추천해 주실 수 있나요?

영

캔 | 유우 | 뤠커멘드 | 어 구드 뤠스터롸안트?
Can | you | recommend | a good restaurant?
할 수 있다 | 너 | 추천하다 | 하나의 좋은 식당?

일

이이 | 레스토랑 | 오 | 스스메테 | 모라에마스카?
いい | レストラン | を | 勧めて | もらえますか?
좋다 | 식당 | 을 | 추천해 | 받을 수 있습니까?

베

반 | 꺼 테 | 져이 티에우 | 쩌 또이 | 못 | 냐 항 | 똣?
Bạn | có thể | giới thiệu | cho tôi | một | nhà hàng | tốt?
너 | 가능하다 | 추천하다 | ~에게 나 | 하나 | 식당 | 좋은?

태

미 | 라안 | 아 라이 | 아러이 아러이 | 내 남 | 마이 | 크랍?
มี | ร้าน | อะไร | อร่อย ๆ | แนะนำ | ไหม | ครับ?
있다 | 가게 | 무엇 | 맛있다 맛있다 | 추천하다 | 의문 | 요?

중

커 이 | 게이 | 워 | 튀이 찌엔 | 이 | 찌아 | 찬 팅 | 마?
kě yǐ | gěi | wǒ | tuī jiàn | yì | jiā | cān tīng | ma?
可以 | 给 | 我 | 推荐 | 一 | 家 | 餐厅 | 吗?
할 수 있다 | 주다 | 나 | 추천하다 | 하나 | 집 | 식당 | 의문 | ?

계산서 주세요.

비일, 플리이즈.
Bill, please.
계산서, 부탁합니다.

영

케에산쇼 오네가이 시 마스.
計算書 お願い し ます。
계산서 부탁 함 합니다.

일

쩌 또이 까이 화 던.
Cho tôi cái hóa đơn.
주다 나 그 계산서.

베

첵 빈 너어이 크랍.
เช็ค บิล หน่อย ครับ.
확인하다 계산서 조금 요.

태

지에 쨩.
jié zhàng.
结账.
계산하다.

중

주문할게요.

영

오오「더」, 플리즈.
Order, please.
주문, 부탁합니다.

일

츄우몽 오네가이 시 마스.
注文 お願い し ます.
주문 부탁 함 합니다.

베

또이 쎄 거이 몬.
Tôi sẽ gọi món.
나 ~할 것이다 미래 주문하다.

태

커어 쌍 아한 크랍.
ขอ สั่ง อาหาร ครับ.
원하다 시키다 음식 요.

중

워 야오 디엔 찬.
wǒ yào diǎn cān.
我 要 点 餐.
나 원하다 주문하다 음식.

158

이걸로 주세요.

디쓰 원, 플리이즈.
This one, please.
이것, 부탁합니다.

영

코레 데 쿠다사이.
これ で ください。
이것 으로 주세요.

일

쩌 또이 까이 나이.
Cho tôi cái này.
주다 나 이것.

베

커어 안 니 크랍.
ขอ อันนี้ ครับ.
원하다 이거 요.

태

칭 게이 워 쩌「거.
qǐng gěi wǒ zhè ge.
请 给 我 这个.
부탁하다 존칭 주다 나 이것.

중

		영어	일본어
쌀		라이스 **rice**	코메 米
빵		브뤠드 **bread**	팡 パン
고기		미잇 **meat**	니쿠 肉
소고기		비이프 **beef**	규우니쿠 牛肉
양고기		을램 ⏐ 머튼 **lamb ⏐ mutton**	요오니쿠 羊肉
돼지고기		포억 **pork**	부타니쿠 豚肉
오리고기		더크 **duck**	카모니쿠 鴨肉
닭고기		치킨 **chicken**	토리니쿠 鳥肉
계란		에그 **egg**	타마고 卵
생선		피쉬 **fish**	사카나 魚

베트남어	태국어	중국어
껌 **cơm**	카우 ข้าว	미 **米**
반 미 **bánh mì**	카놈 빵 ขนมปัง	미엔 빠오 **面包**
팃 **thịt**	느아 เนื้อ	러우 **肉**
팃 버 **thịt bò**	느아 우와 เนื้อวัว	니우 러우 **牛肉**
팃 끄우 **thịt cừu**	느아 께 เนื้อแกะ	양 러우 **羊肉**
팃 헤오 **thịt heo**	느아 무 เนื้อหมู	쮜 러우 **猪肉**
껀 ˇ빗 **con vịt**	뻿 เป็ด	야 러우 **鸭肉**
가 **gà**	까이 ไก่	찌 러우 **鸡肉**
쯩 **trứng**	카이 ไข่	찌 딴 **鸡蛋**
까 **cá**	쁘라 ปลา	위 **鱼**

241

		영어	일본어
야채		베ᵛ쥐터블 **vegetable**	야사이 野菜
감자		포테이토우 **potato**	쟈가이모 ジャガイモ
고구마		스위잇 포테이토우 **sweet potato**	사츠마이모 サツマイモ
당근		캐뤄엇 **carrot**	닌징 人参
양파		어니언 **onion**	타마네기 玉ねぎ
마늘		가알ʳ릭 **garlic**	닌니쿠 ニンニク
토마토		터메이토우 **tomato**	토마토 トマト
고수		커뤼앤더ʳ **coriander**	코리안다ー コリアンダー
견과류		넛 **nut**	낫츠 | 켕카 ナッツ | 堅果
버섯		머쉬루움 **mushroom**	키노코 キノコ

베트남어	태국어	중국어
라우 **rau**	팍 ผัก	쑤 차이 **蔬菜**
콰이 떠이 **khoai tây**	만 파랑 มันฝรั่ง	투 떠우 **土豆**
콰이 랑 **khoai lang**	만 파랑 완안 มันฝรั่งหวาน	띠 꽈 **地瓜**
까 롯 **cà rốt**	케럿 แครอท	후 을루어 보어 **胡萝卜**
꾸 하잉 **củ hành**	후아 험 หัวหอม	양 충 **洋葱**
또이 **tỏi**	끄라 티암 กระเทียม	쑤안 **蒜**
까 쭈어 **cà chua**	마 크아 탯 มะเขือเทศ	씨 훙 쓰 **西红柿**
라우 무이 **rau mùi**	팍치 ผักชี	씨앙 차이 **香菜**
핫 **hạt**	토아 ถั่ว	찌엔 구어 **坚果**
넘 **nấm**	헷 เห็ด	모어 구 **蘑菇**

243

	영어	일본어
구이	로스티이드 **roasted** 형용사	야키 焼き 부침
튀김	디이프 프롸이드 **deep-fried** 형용사	아게 揚げ
볶음	스터어ʳ-프롸이드 **stir-fried** 형용사	이타메 いため
부침	프롸이드 **fried** 형용사	야키 焼き 구이
조림	보일드 **boiled** 형용사	니츠케 煮付け
찜	스띠임드 **steamed** 형용사	니코미 煮込み
삶음	보일드 **boiled** 형용사	유데 茹で
무침	쓰이즌드 **seasoned** 형용사	아에 あえ
데침	블랜취트 **blanched** 형용사	유데 茹で
절임	피끌드 **pickled** 형용사	츠케모노 漬物

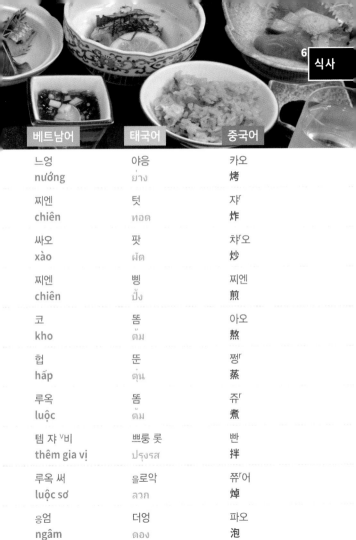

베트남어	태국어	중국어
느엉 **nướng**	야응 ย่าง	카오 **烤**
찌엔 **chiên**	텃 ทอด	쟈 **炸**
싸오 **xào**	팟 ผัด	챠오 **炒**
찌엔 **chiên**	삥 ปิ้ง	찌엔 **煎**
코 **kho**	똠 ต้ม	아오 **熬**
헙 **hấp**	뚠 ตุ๋น	쩡 **蒸**
루옥 **luộc**	똠 ต้ม	쥬 **煮**
템 쟈 ⱽ비 **thêm gia vị**	쁘룽 롯 ปรุงรส	빤 **拌**
루옥 써 **luộc sơ**	을로악 ลวก	쮜어 **焯**
응엄 **ngâm**	더엉 ดอง	파오 **泡**

		영어	일본어
수프		쑤웁 **soup**	스-푸 スープ
샐러드		쌜러드 **salad**	사라다 サラダ
햄버거		햄버「어거「 **hamburger**	함바-가- ハンバーガー
감자튀김		프「뤤취 프「롸이즈 **french fries**	후라이도 포테토 フライド ポテト
샌드위치		쌘드위취 **sandwich**	산도잇치 サンドイッチ
<u>토스트</u>		토우스트 **toast**	<u>토-스토</u> トースト
피자		핏짜 **pizza**	피자 ピザ
스테이크		스떼이크 **steak**	스테-키 ステーキ
파스타		파아스따 **pasta**	파스타 パスタ
국수		누우들 **noodle**	멩 麺

베트남어	태국어	중국어
쑵 xúp	쓰웁 ซุป	탕 汤
쌀랏 salad	쌀랏 สลัด	싸 을라 沙拉
반 햄버거 bánh hamburger	햄버꺼 แฮมเบอร์เกอร์	한 바오 汉堡
콰이 떠이 찌엔 khoai tây chiên	만 파랑 텃 มันฝรั่งทอด	슈 탸오 薯条
샌드위치 sandwich	샌윗 แซนด์วิช	싼 밍 쯔 三明治
반 미 느엉 bánh mì nướng	카놈 빵 삥 ขนมปังปิ้ง	투 쓰 吐司
피자 pizza	핏싸 พิซซ่า	비 싸 比萨
빗 뗏 bít tết	싸땍 สเต็ก	니우 파이 牛排
미 옴 mỳ ống	파스 따 พาสต้า	이 따 을리 미엔 意大利面
미 써이 mì sợi	꾸웨이 티아우 ก๋วยเตี๋ยว	미엔 탸오 面条

맛있다.

영
잇츠 구드. / 잇츠 디을리셔쓰.
It's good. It's delicious.
이것은 ~이다 좋은. 이것은 ~이다 맛있는.

일
오이시이.
美味しい。
맛있다.

베
응온. / 젓 응온.
Ngon. Rất ngon.
맛있는. 매우 맛있는.

태
아러이 크랍.
อร่อย ครับ.
맛있다 요.

중
하오 츠ˇ.
hǎo chī.
好吃.
맛있다.

6 식사

너무 짜요.

잇츠 투우 써얼티.
It's too salty.
이것은 ~이다 너무 짠.

영

코레 와 숍파스기 마스.
これ は 塩っぱすぎ ます。
이것 은 너무 짬 합니다.

일

너 꽈 만.
Nó quá mặn.
그(것) 너무 짠.

베

캠 끄은 바이 크랍.
เค็ม เกินไป ครับ.
짜다 매우 요.

태

타이 시엔 을러.
tài xián le.
太 咸 了.
너무 짜다 .

중

249

		영어	일본어
신맛의		싸우어「 **sour**	습파이 酸っぱい
쓴맛의		비터「 **bitter**	니가이 苦い
단맛의		스위잇 **sweet**	아마이 甘い
매운맛의		스빠이쓰이 **spicy**	카라이 辛い
짠맛의		써얼티 **salty**	숍파이 ¦ 시오 카라이 塩っぱい ¦ 塩辛い
겉만 익힌		뤠어「 **rare**	레아 レア
살짝 익힌		미이디엄 뤠어「 **medium-rare**	미디아무 레아 ミディアム レア
약간 덜 익힌		미이디엄 **medium**	미디아무 ミディアム
잘 익힌		미이디엄 웰 던 **medium-well done**	미디아무 웨루당 ミディアム ウェルダン
완전히 익힌		웰 던 **well done**	웨루당 ウェルダン

베트남어	태국어	중국어
쭈어 chua	쁘리야우 เปรี้ยว	쑤안 더 **酸的**
당 đẳng	코옴 ขม	쿠 더 **苦的**
응얻 ngot	와안 หวาน	티엔 더 **甜的**
까이 cay	페엣 เผ็ด	을라 더 **辣的**
만 mặn	케엠 เค็ม	시엔 더 **咸的**
따이 tái	마이 쑥 마악 ไม่สุกมาก	이 펀 슈 더 **一分熟的**
따이 찐 tái chín	끙딥 끙쑥 กึ่งสุกกึ่งดิบ	싼 펀 슈 더 **三分熟的**
찐 브어 chín vừa	쑥 뱁 빠은 끄랑 สุกแบบปานกลาง	우 펀 슈 더 ㅣ 빤 슈 더 **五分熟的 ㅣ 半熟的**
허이 찐 끼 hơi chín kỹ	끄압 짜 쑥 뗌티 เกือบจะสุกเต็มที่	치 펀 슈 더 **七分熟的**
찐 끼 chín kỹ	쑥 쑥 สุกๆ	취엔 슈 더 **全熟的**

음식이
덜 익었어요.

영 잇츠 나앗 쿡트 이너프.
It's not cooked enough.
이것은 아니다 요리된 충분히.

일 쥬우붕 야케테 이마셍.
十分 焼けて いません。
충분 익혀 있지 않습니다.

베 너 ^v번 쯔어 찐.
Nó vẫn chưa chín.
그(것) 여전히 아니다 익은.

태 야앙 마이 쑥 크랍.
ยัง ไม่ สุก ครับ.
아직 부정 익다 요.

중 차이 하이 메이 슈.
cài hái méi shú.
菜 还 没 熟。
음식 아직 아니다 익다.

162

음식이 너무 익었어요.

잇츠 오우버「쿡트.
It's overcooked.
이것은 ~이다 너무 익힌.

영

야키스기 데스.
焼きすぎ です。
너무 익힘 입니다.

일

너 꽈 찐.
Nó quá chín.
그(것) 요리된 너무.

베

쑥 끄은 바이 크랍.
สุก เกินไป ครับ.
익었다 매우 요.

태

차이 타이 슈「 을러.
cài tài shú le.
菜 太 熟 了.
음식 너무 익다 변화.

중

253

163
그거면
충분해요.

영

대앳 ∣ 이즈 ∣ 이너프.
That ∣ is ∣ enough.
그것 ∣ 이다 ∣ 충분한.

일

소레 ∣ 데 ∣ 쥬우분 ∣ 데스.
それ ∣ で ∣ 十分 ∣ です。
그것 ∣ 으로 ∣ 충분 ∣ 입니다.

베

두 ∣ 조이.
Đủ ∣ rồi.
충분한 ∣ 이미.

태

퍼 ∣ 을래우 ∣ 크랍.
พอ ∣ แล้ว ∣ ครับ.
충분하다 ∣ 완료 ∣ 요.

중

주 ∣ 꺼우 ∣ 을러.
zú gòu ∣ le.
足够 ∣ 了.
충분하다 ∣ 강탄.

254

164

2번 세트
주세요.

미일 넘버 투우, 플리즈.
Meal number 2, please.
식사 2번, 부탁합니다.

영

니 반 센토 쿠다사이.
2 番 セット ください。
2 번 세트 주세요.

일

쩌 또이 몬 트 하이.
Cho tôi món thứ hai.
주다 나 요리 2 번째.

베

커어 매누 티 썽 크랍.
ขอ เมนู ที่ 2 ครับ.
원하다 메뉴 2번째 요.

태

칭 게이 워 얼 하오 타오 찬.
qǐng gěi wǒ èr hào tào cān.
请 给 我 2 号 套餐.
부탁하다 주다 나 2 호 세트.

165
여기서 드십니까,
포장입니까?

영

포「어「 **히어「 오어「 투 고우?**
For here or to go?
~을 위해 여기서 또는 가기?

일

코코 데 메시아가리 마스카, 오모치 카에리 데스카?
ここ で 召し上がり ますか、 お持ち 帰り ですか?
여기 에서 드심 합니까, 가짐 돌아감 입니까?

베

어 더이 하이 망 디?
Ở đây hay mang đi?
여기에 혹은 운반하다 가다?

태

낀 티니 르오 아우 끌랍 바안 크랍?
กิน ที่นี่ หรือ เอา กลับ บ้าน ครับ?
먹다 여기 아니면 가지다 돌아가다 집 요?

중

짜이 쩌「을리 츠「 하이 쓰「 따이 저우?
zài zhè lǐ chī hái shì dài zǒu?
在 这里 吃 还是 带 走?
~에서 여기 먹다 아니면 지니다 가다?

여기서 먹겠습니다.

포'어' **히어'**, **플리이즈.**
For here, please.
~을 위해 여기서, 부탁합니다.

영

코코 **데** **타베** **마스.**
ここ で 食べ ます。
여기 에서 먹음 합니다.

일

또이 **쎄** **쭝** **어** **더이.**
Tôi sẽ dùng ở đây.
나 ~할 것이다 미래 먹다 여기에.

베

끈 **티니** 크랍.
กิน ที่นี่ ครับ.
먹다 여기 요.

태

짜이 **쩌'** **을리** **츠'.**
zài zhè lǐ chī.
在 这里 吃.
~에서 여기 먹다.

중

257

167

포장입니다.

영

투 고우, 플리즈.

To go, please.

가기. 부탁합니다.

일

모치 카에리 마스.

持ち 帰り ます。

가짐 돌아감 합니다.

베

또이 쎄 망 디.

Tôi sẽ mang đi.

나 ~할 것이다 미래 운반하다 가다.

태

아우 끌랍 바안 크랍.

เอา กลับ บ้าน ครับ.

가지다 돌아가다 집 요.

중

다 빠오.

dǎ bāo.

打包.

포장하다.

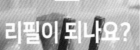

168

리필이 되나요?

캔 아이 겟 어 뤼이필f?
Can I get a refill?
할 수 있다 | 나 | 얻다 | 하나의 | 리필?
영

오카와리 데키 마스카?
お代わり でき ますか?
리필 | 됨 | 합니까?
일

또이 꺼 테 년 템 콤?
Tôi có thể nhận thêm không?
나 | 가능하다 | 받다 | 더 | 부정?
베

떠엄 하이 너어이 크랍.
เติม ให้ หน่อย ครับ.
넣다 | 주다 | 조금 | 요.
태

커 이 쒸 뻬이 마?
kě yǐ xù bēi ma?
可以 续杯 吗?
할 수 있다 | 리필 | 의문?
중

259

169
카페라테
주세요.

카페^f**이 을라아테**이**, 플리이즈.**
Cafe latte, please.
카페라테. 부탁합니다.

일

카훼라테 쿠다사이.
カフェラテ ください。
카페라테 주세요.

베

쩌 또이 까^f**페 라떼.**
Cho tôi cà phê latte.
주다 나 카페라테.

태

커어 까페 을라떼에 크랍.
ขอ กาแฟ ลาเตเท ครับ.
원하다 커피 라떼 요.

중

칭 게이 워 카 페^f**이 나 티에.**
qǐng gěi wǒ kā fēi ná tiě.
请 给 我 咖啡拿铁.
부탁하다 [존칭] 주다 나 카페라테.

260

170

뜨거운 거요
아니면 차가운 거요?

핫 　 오어 　 아이스트?
Hot 　 or 　 iced?
뜨거운 　 아니면 　 얼음을 넣은?

영

홋토 니 나사이 마스카, 아이스 니 나사이 마스카?
ホット に なさい ますか、 アイス に なさい ますか?
뜨거움 으로 하심 합니까, 얼음 로 하심 합니까?

일

넘 호악 다?
Nóng hoặc đá?
뜨거운 또는 얼음?

베

런 르으 옌 크랍?
ร้อน หรือ เย็น ครับ?
덥다 아니면 차갑다 요?

태

야오 삥 더 하이 쓰 러 더?
yào bīng de hái shì rè de?
要 冰 的 还是 热 的?
원하다 차갑다 ～한 것 아니면 뜨겁다 ～한 것?

중

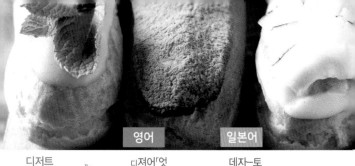

	영어	일본어
디저트	디져어'엇 **dessert**	데자ー토 デザート
케이크	케익 **cake**	케ー키 ケーキ
브라우니	브롸우니 **brownie**	부라우니ー ブラウニー
마카롱	매커루운 **macaroon**	마카롱 マカロン
와플	와플ʲ **waffle**	왓후루 ワッフル
과자	쿠키 **cookie**	오카시 お菓子
푸딩	푸딩 **pudding**	푸딩구 プディング
아이스크림	아이쓰 크뤼임 **ice-cream**	아이스쿠리ー무 アイスクリーム
초콜릿	춰어컬리트 **chocolate**	쵸코레ー토 チョコレート
사탕	캔디 **candy**	칸디 キャンディ

베트남어	태국어	중국어
도 짱 미엥 **đồ tráng miệng**	카 놈 ขนม	티엔 핀 **甜品**
반 응얻 **bánh ngọt**	케엑 เค้ก	딴 까오 **蛋糕**
브라우니 **brownie**	케엑 브라우 니 เค้กบราวนี่	뿌 을랑 니 **布朗尼**
마카롱 **Macaroon**	카놈 매카룬 ขนมแมคะรูน	마 카 을룽 **马卡龙**
반 와쁠 **Bánh waffle**	와 펀 วาฟเฟิล	화 푸 빙 **华夫饼**
반 꾸이 **bánh quy**	쿡 끼 คุกกี้	취 치 **曲奇**
반 뿌딩 **Bánh pudding**	풋딩 พุดดิ้ง	뿌 띵 **布丁**
껨 **kem**	아이 띰 ไอติม	삥 치 을린 **冰淇淋**
쏘꼴라 **sô cô la**	척껄렛 ช็อกโกแลต	챠오 커 을리 **巧克力**
께오 **kẹo**	룩 옴 ลูกอม	탕 구어 **糖果**

	영어	일본어
에스프레소	에스프레쏘우 espresso	에스푸렛소 エスプレッソ
아메리카노	어메뤼카노우 americano	아메리카ー노 アメリカーノ
카페 라테	카페ᶠ이 을라아테이 cafe latte	카훼라테 カフェラテ
바닐라 라테	버ᵛ닐라 을라아테이 vanilla latte	바니라라테 バニララテ
카푸치노	캐퓨취이노우 cappuccino	카푸치ー노 カプチーノ
카페 모카	카페ᶠ이 모우커 cafe mocha	카훼모카 カフェモカ
스몰 사이즈	스머얼 싸이즈 small size	스모ー루 사이즈 スモール サイズ
미디엄 사이즈	미이디엄 싸이즈 medium size	미디아무 사이즈 ミディアム サイズ
라지 사이즈	을라ᶠ쥐 싸이즈 large size	라ー지 사이즈 ラージ サイズ
리필	뤼이필ᶠ refill	오카와리 お代わり

베트남어	태국어	중국어
에스프레소 espresso	에스 프레스 소 เอสเพรสโซ	눙 쑤어 카 페이 **浓缩咖啡**
아메리카노 americano	아메리까노 อเมริกาโน่	메이 쓰 카 페이 **美式咖啡**
라떼 latte	카페 라떼 กาแฟ ลาเต้	나 티에 카 페이 **拿铁咖啡**
ᵛ바닐라 라떼 vanilla latte	와닐라 라떼 วานิลลา ลาเต้	씨앙 차오 나 티에 **香草拿铁**
까푸치노 cappuccino	카푸치노 คาปูชิโน่	카 뿌 치 누어 **卡布奇诺**
모차 mocha	카페 먹카 กาแฟ ม็อคค่า	모어 카 카 페이 **摩卡咖啡**
꺼 녀 cỡ nhỏ	카낫 락 ขนาดเล็ก	샤오 뻬이 ㅣ샤오 하오 **小杯** ㅣ **小号**
꺼 ᵛ브어 cỡ vừa	카낫 끄랑 ขนาดกลาง	쭝 뻬이 ㅣ쭝 하오 **中杯** 톨 사이즈 ㅣ **中号**
꺼 런 cỡ lớn	카낫 야이 ขนาดใหญ่	따 뻬이 ㅣ따 하오 **大杯** ㅣ **大号**
람 더이 라이 làm đầy lại	뜨엄 เติม	쒸 뻬이 **续杯**

차가운 거요.

영 윗 아이쓰, 플리이즈.
With ice, please.
함께 얼음, 부탁합니다.

일 아이스 쿠다사이.
アイス ください。
얼음 주세요.

베 꺼 다.
Có đá.
있다 얼음.

태 커어 나암 켕 도아이 크랍.
ขอ น้ำแข็ง ด้วย ครับ.
원하다 얼음 ~도 요.

중 게이 워 삥 더.
gěi wǒ bīng de.
给 我 冰 的.
주다 나 차갑다 ~한 것.

266

172
설탕은
빼주세요.

노우 슈거, 플리이즈.
No sugar, please.
0의 설탕, 부탁합니다.

영

사토오 와 누이테 쿠다사이.
砂糖 は 抜いて ください。
설탕 은 빼 주세요.

일

람 언 콤 쩌 드엉.
Làm ơn không cho đường.
부탁하다 [부정] 주다 설탕.

베

마이 아우 나암 따안 크랍.
ไม่ เอา น้ำตาล ครับ.
[부정] 갖다 설탕 요.

태

부 야오 탕.
bú yào táng.
不要 糖.
필요 없다 설탕.

중

173
와이파이가
되나요?

영

이즈 와이파^f이 어베^v일러블?

Is | Wi-Fi | available?

이다 | 와이파이 | 사용 가능한?

일

와이화이 데키 마스카?

ワイファイ | でき | ますか?

와이파이 | 됨 | 합니까?

베

꺼 와이파^f이 콤?

Có | Wi-Fi | không?

있다 | 와이파이 | 부정?

태

미 와이 파이 마이 크랍?

มี | ไวไฟ | ไหม | ครับ?

있다 | 무선인터넷 | 의문 | 요?

중

여우 와이화이 마?

yǒu | Wi-Fi | ma?

有 | Wi-Fi | 吗?

있다 | 와이파이 | 의문 ?

268

174

와이파이
비밀번호가 뭐예요?

왓 이즈 더 와이파ᶠ이 패쓰워어ʳ드?
What is the Wi-Fi password?
무엇 이다 그 와이파이 비밀번호?

와이화이 노 파스와–도 와 난 데스카?
ワイファイ の パスワード は 何 ですか?
와이파이 ~의 비밀번호 는 무엇 입니까?

멀 커우 와이파ᶠ이 라 지?
Mật khẩu Wi-Fi là gì?
비밀번호 와이파이 이다 무엇?

라 핫 와이 파이 크 아 라이 크랍?
รหัส ไวไฟ คือ อะไร ครับ?
암호 무선인터넷 이다 무엇 요?

와이화이 미 마 쓰ʳ 션ʳ 머?
Wi-Fi mì mǎ shì shén me?
Wi-Fi密码 是 什么?
와이파이 비밀번호 이다 무엇?

175

건배!

영
치어ᄉ!
Cheers!
건배!

일
캄파이!
乾杯!
건배!

베
쭉 l 쓱 코애!
Chúc l sức khỏe!
원하다 l 건강!

태
촌!
ชน!
부딪치다!

중
깐 l 뻬이!
gān l bēi!
干 l 杯!
깨끗이 비우다 l 잔!

270

생맥주 주세요.

드뤠프트 비어ʳ, 플리이즈.
Draft beer, please.
생맥주, 부탁합니다.
영

나마비-루 쿠다사이.
生ビール ください。
생맥주 주세요.
일

쩌 또이 비아 뜨어이.
Cho tôi bia tươi.
주다 나 맥주 신선한.
베

커어 비아쏫 크랍.
ขอ เบียร์สด ครับ.
원하다 생맥주 요.
태

칭 게이 워 셩ʳ 피.
qǐng gěi wǒ shēng pí.
请 给 我 生啤.
부탁하다 존칭 주다 나 생맥주.
중

271

		영어	일본어
맥주		비어「 **beer**	비–루 ビール
생맥주		드뤠프트 비어「 **draft beer**	나마비–루 生ビール
병맥주		버어틀드 비어「 **bottled beer**	빔비–루 瓶ビール
와인		와인 **wine**	와잉 ワイン
레드 와인		뤠드 와인 **red wine**	아카와잉 赤ワイン
화이트 와인		와이트 와인 **white wine**	시로와잉 白ワイン
위스키		위스키 **whisky**	위스키– ウィスキー
테킬라		테키일러 **tequila**	테키–라 テキーラ
보드카		바ᵛ아드커 **vodka**	웟카 ウォッカ
칵테일		카악테이을 **cocktail**	카쿠테루 カクテル

272

베트남어	태국어	중국어
비아 **bia**	비아 เบียร์	피 지우 **啤酒**
비아 뜨어이 **bia tươi**	비아 쏫 เบียร์สด	썽' 피 지우 **生啤酒**
비아 짜이 **bia chai**	비아 쿠앗 เบียร์ขวด	핑 쮜'앙 피 지우 **瓶装啤酒**
르어우 뇨 **rượu nho**	와인 ไวน์	푸 타오 지우 **葡萄酒**
르어우 ˇ방 도 **rượu vang đỏ**	와인 뎅 ไวน์แดง	훙 지우 **红酒**
르어우 짱 **rượu trắng**	와인 카우 ไวน์ขาว	바이 푸 타오 지우 **白葡萄酒**
르어우 위스키 **rượu whisky**	라우 위스끼 เหล้าวิสกี้	웨이 쓰' 찌 지우 **威士忌酒**
데낄라 **tequila**	라우 테낄라 เหล้าเตกีล่า	을룽 셔' 을란 지우 **龙舌兰酒**
르어우 보드카 **rượu vodka**	우왓 까 วอดก้า	푸' 터 찌아 지우 **伏特加酒**
꼭떼일 **cocktail**	컥 테일 ค็อกเทล	찌 웨이 지우 **鸡尾酒**

273

일상표현

비상상황

비행

교통(길 찾기)

숙박

식사

쇼핑

관광

PART 07

쇼핑

면세 한도를 확인하자

해외여행을 할 때
필수로 들르는 곳이 바로 면세점입니다.
우리나라에서는 출국 시 3,000달러까지
소비할 수 있다는 규정이 있지만
재입국 시 600불 이상부터는 과세가 되며
여행할 국가의 입국 면세 한도도
정해져 있으므로
구매 전 금액 확인은 필수입니다.

예를 들어 우리나라에서
3,000불의 물건을 면세로 샀는데,
해당 국가가 면세 한도가 1,000불이라면
초과분 2,000달러에 대한 세금을
내야 한다는 것입니다.

뭐 찾으세요?

영
아「 유우 을루킹 포「어「 썸띵th?
Are you looking for something?
이다 너 보고 있는 ~을 위해 무엇?

일
나니카 오사가시 데스카?
何か お探し ですか?
무언가 찾음 입니까?

베
반 당 띰 끼엠 까이 지?
Bạn đang tìm kiếm cái gì?
너 ~하고 있다 찾다 무엇?

태
멍 하 아 라이 크랍?
มอง หา อะไร ครับ?
보다 찾다 무엇 요?

중
니 짜이 쟈「오 션「 머?
nǐ zài zhǎo shén me?
你 在 找 什么?
너 하고 있다 찾다 무엇?

좀
깎아 주세요.

기브ᵛ 미이 어 디스카운트.
Give me a discount.
주다 나에게 하나의 할인.

영

쵸토 와리비키 시테 쿠다사이.
ちょっと 割引 して ください。
조금 할인 해 주세요.

일

잠 쟈 쩌 또이.
Giảm giá cho tôi.
할인하다 ~에게 나.

베

울롯 라카 하이 너어이 크랍.
ลด ราคา ให้ หน่อย ครับ.
줄이다 가격 주다 조금 요.

태

피엔 이 이 디엔.
pián yí yì diǎn.
便宜 一点.
싸다 조금.

중

		영어	일본어
쇼핑		샤아삥 **shopping**	숍핑구 ショッピング
가격		프라이스 **price**	네당 値段
판매		쎄일 **sale**	함바이 販売
할인		디스카운트 **discount**	와리비키 割引
반값		해프-프라이스 **half-price**	항가쿠 半額
벼룩시장		플리이 마아킷 **flea market**	후리-마-켇토 フリーマーケット
슈퍼마켓		쑤우퍼마아킷 **supermarket**	스-파-마-켇토 スーパーマーケット
쇼핑센터		샤아삥 쎈터 **shopping center**	숍핑구센타- ショッピングセンタ
백화점		디파아트먼트 스토어 **department store**	데파-토 デパート
기념품 가게		수베니어 샤압 **souvenir shop**	키넨힌쇼오텡 記念品商店

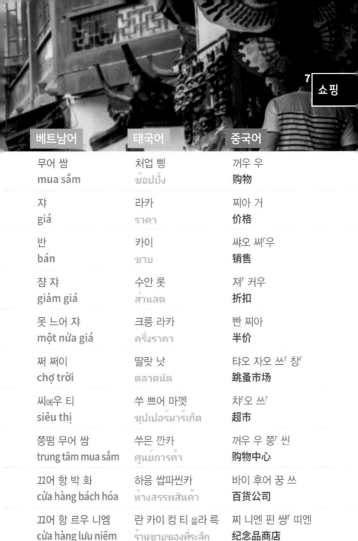

베트남어	태국어	중국어
무어 쌈 **mua sắm**	처업 삥 *ช้อปปิ้ง*	꺼우 우 **购物**
쟈 **giá**	라카 *ราคา*	찌아 거 **价格**
반 **bán**	카이 *ขาย*	쌰오 셔우 **销售**
쟘 쟈 **giảm giá**	수안 롯 *ส่วนลด*	저 커우 **折扣**
못 느어 쟈 **một nửa giá**	크릉 라카 *ครึ่งราคา*	빤 찌아 **半价**
쩌 쩌이 **chợ trời**	딸랏 낫 *ตลาดนัด*	탸오 자오 쓰 창 **跳蚤市场**
씨에우 티 **siêu thị**	쑤 뻐어 마껫 *ซุปเปอร์มาร์เก็ต*	챠오 쓰 **超市**
쭝떰 무어 쌈 **trung tâm mua sắm**	쑨 깐카 *ศูนย์การค้า*	꺼우 우 쭝 씬 **购物中心**
끄어 항 박 화 **cửa hàng bách hóa**	하응 쌉파씬카 *ห้างสรรพสินค้า*	바이 후어 꿍 쓰 **百货公司**
끄어 항 르우 니엠 **cửa hàng lưu niệm**	란 카이 컹 티 으라 륵 *ร้านขายของที่ระลึก*	찌 니엔 핀 썅 띠엔 **纪念品商店**

279

		영어	일본어
사과		애쁠 **apple**	링고 リンゴ
복숭아		피이취 **peach**	모모 桃
딸기		스트뤄어베뤼 **strawberry**	이치고 いちご
체리		체뤼 **cherry**	체리- チェリー
자몽		그뤠입ㅍ「루트 **grapefruit**	구레-푸후루-츠 グレープフルーツ
오렌지		오륀쥐 **orange** 주황색	오렌지 **オレンジ** 주황색
레몬		을레먼 **lemon**	레몽 レモン
키위		키위 **kiwi**	키우이 キウイ
수박		워어터「 멜런 **water melon**	스이카 スイカ
포도		그뤠이ㅍ **grape**	부도오 ぶどう

280

베트남어	태국어	중국어
따오 **táo**	엡 뻰 *แอปเปิ้ล*	핑 구어 **苹果**
다오 **đào**	을루욱 피잇 *ลูกพีช*	타오 즈 **桃子**
져우 **dâu**	쓰떠 브어 리 *สตรอเบอร์รี่*	차오 메이 **草莓**
꽈 아잉 다오 **quả anh đào**	츠어 을리 *เชอร์รี่*	잉 타오 **櫻桃**
브어이 **bưởi**	쏨 오 *ส้มโอ*	씨 여우 **西柚**
깜 **cam**	쏨 *ส้ม*	청 즈 **橙子**
꽈 짠 **quả chanh**	마 나오 *มะนาว*	닝 멍 **柠檬**
꽈 끼위 **quả kiwi**	끼위 *กีวี่*	양 타오 **羊桃**
즈어 허우 **dưa hấu**	땡모 *แตงโม*	씨 꽈 **西瓜**
녀 **nho**	앙 응운 *องุ่น*	푸 타오 **葡萄**

		영어	일본어
바나나		버내너 **banana**	바나나 バナナ
파인애플		파인애쁠 **pineapple**	파이납푸루 パイナップル
망고		맹고우 **mango**	망고- マンゴー
망고스틴		맹거스티인 **mangosteen**	망고스칭 マンゴスチン
두리안		두뤼언 **durian**	도리앙 ドリアン
리치		을라이취이 **lychee**	라이치- ライチー
파파야		파파야 **papaya**	파파이아 パパイア
코코넛		코우커너트 **coconut**	코코나츠 ココナツ
멜론		멜런 **melon**	메롱 メロン
매실		플럼 **plum**	우메 梅

베트남어	태국어	중국어
쭈오이 **chuối**	끌로아이 กล้วย	씨앙 쨔오 **香蕉**
즈어 **dứa**	쌉 빠 롯 สับปะรด	펑 을리 **凤梨**
쏘아이 **xoài**	마 모앙 มะม่วง	망 구어 **芒果**
망 꿋 **măng cụt**	망쿳 มังคุด	싼 쥬 **山竹**
써우 리엥 **sầu riêng**	투 리안 ทุเรียน	을리우 을리엔 **榴莲**
˅바이 티에우 **vải thiều**	린찌 ลิ้นจี่	을리 쯔 **荔枝**
두두 **đu đủ**	말라꺼 มะละกอ	무 꽈 **木瓜**
즈어 **dừa**	마 프라우 มะพร้าว	예 즈 **椰子**
즈어 **dưa**	멜런 เมลอน	하 미 꽈 **哈密瓜**
먼 **mận**	플람 พลัม	메이 즈 **梅子**

283

너무 비싸요.

영

잇츠 ┃ 투우 익쓰펜쓰이브ᵛ.

It's ┃ too expensive.

이것은 ~이다 ┃ 너무 비싼.

일

타카스기 ┃ 마스.

高すぎ ┃ ます。

너무 비쌈 ┃ 합니다.

베

너 ┃ 꽈 ┃ 닷.

Nó ┃ quá ┃ đắt.

그(것) ┃ 너무 ┃ 비싸다.

태

펭 ┃ 끄은 바이 ┃ 크랍.

แพง ┃ เกินไป ┃ ครับ.

비싸다 ┃ 매우 ┃ 요.

중

타이 ┃ 꿔이 ┃ 을러.

tài ┃ guì ┃ le.

太 ┃ 贵 ┃ 了.

너무 ┃ 비싸다 ┃ 김린.

영수증 좀 주세요.

캔 ┃ 아이 ┃ 해브ᵛ ┃ 더 ┃ 뤼쓰이이트?
Can ┃ I ┃ have ┃ the ┃ receipt?
할 수 있다 ┃ 나 ┃ 가지다 ┃ 그 ┃ 영수증?

영

레시-토 ┃ 오 ┃ 쿠다사이.
レシート ┃ を ┃ ください。
영수증 ┃ 을 ┃ 주세요.

일

씬 ┃ 쩌 ┃ 또이 ┃ 화 ┃ 던.
Xin ┃ cho ┃ tôi ┃ hóa ┃ đơn.
청하다 ┃ 주다 ┃ 나 ┃ 영수증.

베

커어 ┃ 바이 쌧 ┃ 다이 ┃ 마이 ┃ 크랍?
ขอ ┃ ใบเสร็จ ┃ ได้ ┃ ไหม ┃ ครับ?
부탁 ┃ 영수증 ┃ 가능하다 ┃ 의문 ┃ 요?

태

게이 ┃ 워 ┃ 파f ┃ 퍄오.
gěi ┃ wǒ ┃ fā ┃ piào.
给 ┃ 我 ┃ 发票.
주다 ┃ 나 ┃ 영수증.

중

		영어	일본어
돈	$	머니 **money**	오카네 お金
현금		캐쉬 **cash**	겡킹 現金
동전		코인 **coin**	코잉 コイン
거스름돈		췌인쥐 **change**	오츠리 お釣り
카드		카아드 **card**	카도 カード
영수증		뤼쓰이잇 **receipt**	료오슈우쇼 領収書
청구서		비일 **bill**	칸죠오가키 勘定書
요금		피이 **fee**	료오킹 料金
세금		택쓰 **tax**	제에킹 税金

베트남어	태국어	중국어
띠엔 박 **tiền bạc**	응언 เงิน	치엔 **钱**
띠엔 멑 **tiền mặt**	응언 쏫 เงินสด	씨엔 찐 **现金**
띠엔 쑤 **tiền xu**	리안 เหรียญ	잉 삐 **硬币**
띠엔 트어 **tiền thừa**	쁘리안 쁘랭 เปลี่ยนแปลง	쟈'오 을링 **找零**
태 **thẻ**	밧 บัตร	카 **卡**
비엔 라이 **biên lai**	바이 쎗 랍 응언 ใบเสร็จรับเงิน	파'퍄오 **发票**
화 던 **hóa đơn**	빈 บิล	쨩'딴 **账单**
찌 ˈ피 **chi phí**	카 탐 니얌 ค่าธรรมเนียม	페'이 융 **费用**
퉤 **thuế**	파 쓰이 ภาษี	쒜'이 **税**

181
환불하고
싶어요.

영

아이 ㅣ 원트 ㅣ 어 ㅣ 뤼펀^f드.

I ㅣ want ㅣ a ㅣ refund.

나 ㅣ 원하다 ㅣ 하나의 ㅣ 환급.

일

하라이모도시 ㅣ 타이 ㅣ 데스.

払い戻し ㅣ たい ㅣ です。

환불 ㅣ ～하고 싶다 ㅣ 입니다.

베

또이 ㅣ 무온 ㅣ 호안 라이 ㅣ 띠엔.

Tôi ㅣ muốn ㅣ hoàn lại ㅣ tiền.

나 ㅣ 원하다 ㅣ 환불하다 ㅣ 돈.

태

폼 ㅣ 야악 다이 ㅣ 응언 ㅣ 크은 ㅣ 크랍.

ผม ㅣ อยากได้ ㅣ เงิน ㅣ คืน ㅣ ครับ.

나 ㅣ 갖고 싶다 ㅣ 돈 ㅣ 반납 ㅣ 요.

중

워 ㅣ 야오 ㅣ 퉈이 콴.

wǒ ㅣ yào ㅣ tuì kuǎn.

我 ㅣ 要 ㅣ 退款.

나 ㅣ 원하다 ㅣ 환급하다.

가방을
찾고 있어요.

쇼핑

아이 앰 을루킹 포어 어 배그.
I am looking for a bag.
나 이다 보고 있는 ~을 위해 하나의 가방.

영

카방 오 사가시테 이마스.
カバン を 探して います。
가방 을 찾고 있습니다.

일

또이 당 띰 못 까이 뚜이.
Tôi đang tìm một cái túi.
나 ~하고 있다 찾다 하나 가방.

베

깜을랑 하 끄라 빠우 유 크랍.
กำลัง หา กระเป๋า อยู่ ครับ.
현재진행 찾다 가방 ~중이다 요.

태

워 짜이 쟈오 이 꺼 빠오.
wǒ zài zhǎo yī gè bāo.
我 在 找 一 个 包。
나 ~하고 있다 찾다 하나 개 가방.

중

289

		영어	일본어
코트		코읏 coat	코-토 コート
재킷		재킷 jacket	쟈켇토 ジャケット
정장		쑤읏 suit	스-츠 スーツ
원피스		드뤠쓰 dress	왐피-스 ワンピース
와이셔츠		드뤠쓰 셔엇^{r} dress shirt	와이샤츠 ワイシャツ
셔츠		셔엇^{r} shirt	샤츠 シャツ
블라우스		블라우쓰 blouse	부라우스 ブラウス
바지		팬츠 pants	즈봉 ズボン
청바지		지인즈 jeans	지인즈 ジーンズ
반바지		쇼오^{r}츠 shorts	한즈봉 半ズボン

베트남어	태국어	중국어
아오 콱 **áo khoác**	쓰아 콧 เสื้อโค้ท	따 이 **大衣**
아오 콱 **áo khoác**	짝 껫 แจ็คเก็ต	찌아 커 **夹克**
껌-레 **com-lê**	쑤웃 สูท	쩡 쮸앙 **正装**
ˇ바이 리엔 **váy liền**	떼응 뚜아 แต่งตัว	을리엔 이 췬 **连衣裙**
아오 덤 **áo đầm**	쓰아 춘 เสื้อชุด	난 쳔ˊ 이 **男衬衣**
아오 써 미 **áo sơ mi**	쓰아 츠엇 เสื้อเชิ้ต	쳔ˊ 쌴ˊ **衬衫**
아오 써 미 **áo sơ mi**	쓰아 첫 싸 뜨리 เสื้อเชิ้ตสตรี	뉘 쳔ˊ 이 **女衬衣**
꽌 쟈이 **quần dài**	깡 껭 กางเกง	쿠 즈 **裤子**
꽌 진 **quần jeans**	깡 껭 이인 กางเกงยีน	니우 자이 쿠 **牛仔裤**
꽌 숕 **quần short**	깡 껭 카싼 กางเกงขาสั้น	두안 쿠 **短裤**

		영어	일본어
치마		스커「어트 **skirt**	스카토 スカート
신발		슈우즈 **shoes**	쿠츠 靴
양말		싸악쓰 **socks**	쿠츠 시타 靴下
장갑		글러어브ᵛ스 **gloves**	테부쿠로 手袋
모자		햇 **hat**	보오시 帽子
스카프		스카아「프「 **scarf**	스카후 スカーフ
넥타이		타이 **tie**	네쿠타이 ネクタイ
손수건		행커「취이프「 **handkerchief**	항카치 ハンカチ
지갑		워얼릿 **wallet**	사이후 財布
우산		엄브뤨러 **umbrella**	카사 傘

292

베트남어	태국어	중국어
^v바이 **váy**	끄라 뽀롱 กระโปรง	췬 즈 **裙子**
쟈이 **giày**	렁 타우 รองเท้า	시에 즈 **鞋子**
떧 **tất**	퉁 타우 ถุงเท้า	와 즈 **袜子**
강 따이 **găng tay**	퉁 므 ถุงมือ	셔우 타오 **手套**
무– **mũ**	모악 หมวก	마오 즈 **帽子**
칸 꽝 꼬 **khăn quàng cổ**	파 판커 ผ้าพันคอ	을링 찐 **领巾**
까 받 **cà vạt**	푸욱 ผูก	을링 따이 **领带**
칸 따이 **khăn tay**	파 챗 나아 ผ้าเช็ดหน้า	셔우 파 **手帕**
^v비 **ví**	끄라 빠우 사땅 กระเป๋าสตางค์	치엔 빠오 **钱包**
오 **ô**	롬 ร่ม	위 산 **雨伞**

293

가방		배그 **bag**	카방 カバン
캐리어, 여행 가방		수트케이스 **suitcase**	캬리-박구 キャリーバッグ
선글라스		썬글래쓰이즈 **sunglasses**	상구라스 サングラス
손목시계		와아취 **watch**	토케에 時計
반지		링 **ring**	링구｜유비와 リング｜指輪
목걸이		네클러스 **necklace**	넥쿠레스 ネックレス
귀걸이		이어링 **earring**	이야링구 イヤリング
팔찌		브레이슬럿 **bracelet**	부레스렌토 ブレスレット
화장품		커어즈메티크 **cosmetic**	케쇼오힝 化粧品
담배		쓰이거렛 **cigarette**	타바코 タバコ

베트남어	태국어	중국어
뚜이 **túi**	끄라 빠우 กระเป๋า	빠오 **包**
ˇ발리 **va li**	끄라 빠우 드언 탕 กระเป๋าเดินทาง	싱 을리 **行李** 수하물, 짐
낀 점 **kính râm**	왠따 깐뎃 แว่นตากันแดด	모어 찡 **墨镜**
동호 데오 따이 **đồng hồ đeo tay**	나알리 까아 커어 므 นาฬิกาข้อมือ	셔ˇ우 뱌오 **手表**
년 **nhẫn**	왜앤 แหวน	찌에 즈ˇ **戒指**
ˇ벙 꼬 **vòng cổ**	써이 커 สร้อยคอ	씨앙 을리엔 **项链**
봉 따이 **bông tai**	땅 후우 ต่างหู	얼 환 **耳环**
ˇ벙 따이 **vòng tay**	써이 커 므 สร้อยข้อมือ	셔ˇ우 쥬ˊ어 **手镯**
미 ˈ펌 **mỹ phẩm**	크루앙 쌈 앙 เครื่องสำอาง	화 쮜ˈ앙 핀 **化妆品**
투옥 라 **thuốc lá**	부리 บุหรี่	씨앙 옌 **香烟**

그냥 구경하고 있어요.

영

아이 앰 저스트 울루킹.
I am just looking.
나 이다 단지 보고 있는.

일

타다, 미테 이루 다케 데스.
ただ、 見て いる だけ です。
그냥, 보고 있다 뿐 입니다.

베

또이 찌 닌 토이.
Tôi chỉ nhìn thôi.
나 단지 보다 단지.

태

폼 케 두 크랍.
ผม แค่ ดู ครับ.
나 ~만의 보다 요.

중

워 즈「쓰「칸 칸 얼 이.
wǒ zhǐ shì kàn kan ér yǐ.
我 只是 看看 而已.
나 단지 구경하다 뿐이다.

이게 뭐예요?

왓 이즈 잇?
What is it?
무엇 이다 그것?

영

코레 와 난 데스카?
これ は 何 ですか?
이것 은 무엇 입니까?

일

더이 라 까이 지?
Đây là cái gì?
이것 이다 무엇?

베

아 라이 크랍?
อะไร ครับ?
무엇 요?

태

칭 원 쩌 쓰 션 머?
qǐng wèn zhè shì shén me?
请 问 这 是 什么?
부탁하다 존칭 묻다 이것 이다 무엇?

중

297

그게
마음에 드세요?

영

두우 유우 올라이크 이트?

Do you like it?

하다 너 좋아하다 그것?

일

오키 니 이리 마시타카?

お気 に 入り ましたか?

마음 에 들음 했습니까?

베

반 틱 너 콤?

Bạn thích nó không?

너 좋아하다 그(것) 부정 ?

태

쿤 처업 마이 크랍?

คุณ ชอบ ไหม ครับ?

당신 좋다 의문 요?

중

니 시환 나거 마?

nǐ xǐ huān nà ge ma?

你 喜欢 那个 吗?

너 좋아하다 그것 의문 ?

저런 비슷한 거요.

쇼핑

썸띵th 올라이크 대트.
Something **like** **that.**
무언가 ~처럼 저것.

영

아노 요오나 모노 데스.
あの ような もの です.
저 모양의 것 입니다.

일

까이 지 더 뉴으 테.
Cái gì đó như thế.
어떤 것 그렇게.

베

아 라이 쁘 만 난.
อะไร ประมาณ นั้น.
무엇 대충 그것.

태

나 양 더 뚱시.
nà yàng de dōngxi.
那样 的 东西.
저런 ~의 물건.

중

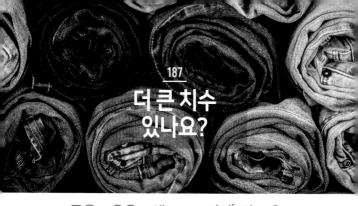

187
더 큰 치수
있나요?

영

두우 | 유우 | 해ㅂᵛ | 어 | 비거ˈ | 싸ᵢ즈?
Do | you | have | a bigger | size?
하다 | 너 | 가지다 | 하나의 더 큰 | 치수?

일

몯토 | 오오키이 | 사이즈 | 아리 | 마스카?
もっと | 大きい | サイズ | あり | ますか?
더 | 크다 | 치수 | 있음 | 합니까?

베

반 | 꺼 | 끽 투억 | 런 | 헌 | 콤?
Bạn | có | kích thước | lớn | hơn | không?
너 | 가지다 | 치수 | 큰 | 더 | 부정?

태

쿤 | 미 | 카낫 | 야이 | 끄와 | 니 | 마이 | 크랍?
คุณ | มี | ขนาด | ใหญ่ | กว่า | นี้ | ไหม | ครับ?
당신 | 있다 | 크기 | 크다 | ~보다 | 이 지시 | 의문 | 요?

중

여우 | 껑 | 따 하오 | 마?
yǒu | gèng | dà hào | ma?
有 | 更 | 大号 | 吗?
있다 | 더욱 | 큰 치수 | 의문 ?

300

다른 색도
있나요?

이즈 데어「 애니 아더「 컬러「?
Is there any other color?
이다 그곳에 어떤 다른 색?

영

호카노 이로 모 아리 마스카?
他の 色 も あり ますか?
다른 색 도 있음 합니까?

일

꺼 마우 나오 칵 콤?
Có màu nào khác không?
있다 색깔 어떤 다른 부정?

베

미 쓰이 으은 마이 크랍?
มี สี อื่น ไหม ครับ?
있다 색깔 다른 의문 요?

태

여우 치 타 옌 써 마?
yǒu qí tā yán sè ma?
有 其他 颜色 吗?
있다 기타 색 의문?

중

301

189
검은색도
있나요?

영

두우 ᅵ 유우 ᅵ 햅 ᅵ 어 블랙 원?
Do ᅵ you ᅵ have ᅵ a black one?
있다 ᅵ 너 ᅵ 가지고 있다 ᅵ 하나의 검은 것?

일

쿠로 ᅵ 모 ᅵ 아리 ᅵ 마스카?
黒 ᅵ も ᅵ あり ᅵ ますか?
검정 ᅵ 도 ᅵ 있음 ᅵ 합니까?

베

반 ᅵ 꺼 ᅵ 마우 덴 ᅵ 콤?
Bạn ᅵ có ᅵ màu đen ᅵ không?
너 ᅵ 가지다 ᅵ 검은색 ᅵ 부정?

태

미 ᅵ 쓰이 ᅵ 담 ᅵ 마이 ᅵ 크랍?
มี ᅵ สี ᅵ ดำ ᅵ ไหม ᅵ ครับ?
있다 ᅵ 색깔 ᅵ 검은색 ᅵ 의문 ᅵ 요?

중

여우 ᅵ 헤이 써 ᅵ 더 ᅵ 마?
yǒu ᅵ hēi sè ᅵ de ᅵ ma?
有 ᅵ 黑色 ᅵ 的 ᅵ 吗?
있다 ᅵ 검은색 ᅵ 의 것 ᅵ 의문 ᅵ ?

MONO-
CHROME
SHOP
190

이거
할인되나요?

이즈 잇 언 쎄일?
Is it on sale?
이다 그것 ~중인 할인?

코레, 디스카운토 데키 마스카?
これ、ディスカウント でき ますか?
이것, 할인 됨 합니까?

너 꺼 반 콤?
Nó có bán không?
그(것) 긍정 팔다 부정?

을롯 라카 유 르으 쁠라우 크랍?
ลด ราคา อยู่ หรือเปล่า ครับ?
줄이다 가격 있다 인가요 요?

쪄' 거 다 져' 마?
zhè ge dǎ zhé ma?
这个 打折 吗?
이것 할인 의문?

		영어	일본어
빨간색		레드 **red**	아카 赤
주황색		오륀쥐 **orange** 오렌지	오렌지 オレンジ 오렌지
노란색		옐로우 **yellow**	키이로 黄色
초록색		그뤼인 **green**	미도리 緑
파란색		블루우 **blue**	부루ー 아오 ブルー 青
분홍색		핑크 **pink**	핑쿠 ピンク
갈색		브롸운 **brown**	챠이로 茶色
검은색		블랙 **black**	쿠로 黒
회색		그뤠이 **grey**	하이이로 灰色
흰색		와이트 **white**	시로 白

베트남어	태국어	중국어
도 **đỏ**	쓰이 댕 สีแดง	훙 써 **红色**
마우 깜 **màu cam**	쓰이 쏨 สีส้ม	쥐 써 **橘色**
ˇ방 **vàng**	쓰이 을르앙 สีเหลือง	후앙 써 **黄色**
싼 라 꺼이 **xanh lá cây**	쓰이 키아우 สีเขียว	을뤼 써 **绿色**
싼 쟈 쩌이 **xanh da trời**	쓰이 남응언 สีน้ำเงิน	을란 써 **蓝色**
마우 홍 **màu hồng**	쓰이 촘푸 สีชมพู	펀ˊ 훙 써 **粉红色**
너우 **nâu**	쓰이 남 딴 สีน้ำตาล	쭝 써 **棕色**
뗀 **đen**	쓰이 담 สีดำ	헤이 써 **黑色**
쌈 **xám**	쓰이 타우 สีเทา	후이 써 **灰色**
짱 **trắng**	쓰이 카우 สีขาว	바이 써 **白色**

305

191
저것 좀
보여주실 수 있나요?

영

캔 유우 쑈우 미이 대트?
Can you show me that?
할 수 있다 | 너 | 보여주다 | 나 | 그것?

일

아레 오 미세테 모라에마스카?
あれ を 見せて もらえますか?
저것 | 을 | 보여 | 받을 수 있습니까?

베

반 꺼 테 쩌 또이 터이 까이 더 콤?
Bạn có thể cho tôi thấy cái đó không?
너 | 가능하다 | 하게 하다 | 나 | 보다 | 그것 | 부정?

태

커어 두 안 난 너어이 크랍?
ขอ ดู อันนั้น หน่อย ครับ?
원하다 | 보다 | 저거 | 조금 | 요?

중

게이 워 칸 칸 나 거.
gěi wǒ kàn kan nà ge.
给 我 看看 那个.
주다 | 나 | 보다 | 저거.

306

192
내가
해 봐도 돼요?

캔 아이 트라이?
Can I try?
할 수 있다 나 시도하다?
영

와타시 가 얕테 미테 모 이이 데스카?
私 が やって みて も いい ですか?
내 가 해 봐 도 좋다 입니까?
일

또이 트 드억 콤?
Tôi thử được không?
나 시험하다 가능하다 부정?
베

커어 을러엉 너어이 크랍.
ขอ ลอง หน่อย ครับ.
원하다 시도하다 조금 요.
태

워 커 이 쓰「 쓰「 마?
wǒ kě yǐ shì shì ma?
我 可以 试试 吗?
나 할 수 있다 해 보다 의문?
중

193

너무 커요.

영

잇츠 ┃ 투우 비그.
It's ┃ too big.
이것은 ~이다 ┃ 너무 큰.

일

오오키스기 ┃ 마스.
大きすぎ ┃ ます。
너무 큼 ┃ 합니다.

베

너 ┃ 꽈 ┃ 떠.
Nó ┃ quá ┃ to.
그것 ┃ 너무 ┃ 큰.

태

야이 ┃ 끄은 바이 ┃ 크랍.
ใหญ่ ┃ เกินไป ┃ ครับ.
크다 ┃ 매우 ┃ 요.

중

타이 ┃ 따 ┃ 을러.
tài ┃ dà ┃ le.
太 ┃ 大 ┃ 了.
너무 ┃ 크다 ┃ 감탄.

더 필요한 것
있어요?

애니띵th 엘쓰? **영**
Anything else?
무엇이든 다른?

호카니 나니카 히츠요오 데스카? **일**
他に 何か 必要 ですか?
그 외에 무언가 필요 입니까?

껀 지 느어 콤? **베**
Còn gì nữa không?
여전히 무엇 더 부정?

떵 깐 아 라이 익 마이 크랍? **태**
ต้องการ อะไร อีก ไหม ครับ?
필요하다 무엇 더 의문 요?

하이 야오 비에 더 마? **중**
hái yào bié de ma?
还 要 别 的 吗?
더 필요하다 다른 것 의문?

	영어	일본어
큰	비익 **big**	오오키이 大きい
작은	스머얼 **small**	치이사이 小さい
꽉 조이는	타잇 **tight**	키츠이 きつい
무거운	헤비ᵛ **heavy**	오모이 重い
긴	을로옹 **long**	나가이 長い
짧은	쇼오「엇 **short** 키가 작은	미지카이 短い
비싼	익스펜쓰이브ᵛ **expensive**	타카이 高い

베트남어	태국어	중국어
떠 **to**	야이 ใหญ่	따 더 **大的**
녀 **nhỏ**	렉 เล็ก	샤오 더 **小的**
젓 런 **rất lớn**	내엔 แน่น	진 더 **紧的**
낭 **nặng**	나악 หนัก	쭝' 더 **重的**
쟈이 **dài**	야우 ยาว	창' 더 **长的**
응안 **ngắn**	싼 สั้น	두안 더 **短的**
닷 **đắt**	패앵 แพง	꿔이 더 **贵的**

일상표현

비상상황

비행

교통(길 찾기)

숙박

식사

쇼핑

관광

PART 08

관광

관광안내소를 활용하라

여행지에서
가고 싶은 관광지들을 골랐다면
관광객센터 visitor center
혹은 관광안내소 tourist information center 에
가보는 것도 좋습니다.

관광 지도와 여행지에 관한 다양한 정보를
얻을 수 있기 때문이지요.

사진 좀
찍어 주세요.

영

테이크 어 픽쳐, 플리이즈.
Take a picture, please.
취하다 하나의 사진 부탁합니다.

일

샤신 톧테 쿠다사이.
写真 とって ください。
사진 찍어 주세요.

베

씬 하이 쯥 안 쩌 또이.
Xin hãy chụp ảnh cho tôi.
요구하다 찍다 사진 ~에게 나.

태

타이 룹 하이 너어이 크랍.
ถ่าย รูป ให้ หน่อย ครับ.
찍다 사진 주다 조금 요.

중

커 이 빵 워 짜오 쌍 씨앙 마?
kě yǐ bāng wǒ zhào zhāng xiāng ma?
可以 帮 我 照 张 相 吗?
할 수 있다 돕다 나 찍다 장 사진 의문 ?

치즈!
(사진 찍을 때)

8 관광

쎄이 치이즈!
Say cheese!
말하다 치~즈!

영

치-즈!
チーズ!
치즈!

일

끄어이 렌 나오!
Cười lên nào!
웃다 ~위에 지금!

베

임!
ยิ้ม!
웃다!

태

치에 즈!
qié zi!
茄子!
가지!

중

315

**여기서
사진 찍으면 안 돼요.**

영

유우 캐나앗 테이크 픽쳐'스 히어'.

You cannot take pictures here.

너 할 수 없다 취하다 사진들 여기서.

일

코코 와 사츠 에에 킨시 데스.

ここ は 撮影 禁止 です。

여기 는 촬영 금지 입니다.

베

반 콤 테 쭙 안 어 더이.

Bạn không thể chụp ảnh ở đây.

너 ~할 수 없다 찍다 사진 여기에.

태

하암 타이 룹 크랍.

ห้าม ถ่าย รูป ครับ.

금지하다 찍다 사진 요.

중

뿌 커 이 짜이 쪄'을리 파이 짜'오.

bù kě yǐ zài zhè lǐ pāi zhào.

不 可以 在 这里 拍照。

부정 할 수 있다 ~에서 여기 사진 찍다.

198

어디에서
표를 살 수 있나요?

8 관광

웨어「 캔 아이 바이 티킷츠?
Where can I buy tickets?
어디에 할 수 있다 나 사다 표들?

영

도코 데 치켇토 오 카이 마스카?
どこ で チケット を 買い ますか?
어디 에서 표 를 삼 합니까?

일

또이 꺼 테 무어 ᵛ베 어 더우?
Tôi có thể mua vé ở đâu?
나 가능하다 사다 표 어디에?

베

쓰 또아 다이 티 나이 크랍?
ซื้อ ตั๋ว ได้ ที่ไหน ครับ?
사다 표 가능하다 어디 요?

태

칭 원 짜이 나 울리 커이 마이 따오 퍄오?
qǐng wèn zài nǎ lǐ kě yǐ mǎi dào piào?
请 问 在 哪里 可以 买到 票?
부탁하다 존칭 묻다 ~에 있다 어디 할 수 있다 사들이다 표?

중

199
안내 책자 좀
받을 수 있을까요?

영

캔 아이 겟 어 브뤄우슈어?
Can I get a brochure?
할 수 있다 나 취하다 하나의 안내 책자?

일

안나이 판후렏토 이타다케마스카?
案内 パンフレット 頂けますか?
안내 팸플릿 받을 수 있습니까?

베

또이 꺼 테 러이 못 꾸이엔 싹 흐엉 전 콤?
Tôi có thể lấy một quyển sách hướng dẫn không?
나 가능하다 받다 하나 책 안내 [부정]?

태

커어 보 추아 너어이 크랍?
ขอ โบรชัวร์ หน่อย ครับ?
원하다 안내서 조금 요?

중

커 이 게이 워 을뤼 싱 처 마?
kě yǐ gěi wǒ lǚ xíng cè ma?
可以 给 我 旅行册 吗?
할 수 있다 주다 나 여행책 [의문]?

200

학생 할인 되나요?

두우 유우 해브ⱽ 어 스튜우던트 디스카운트? **영**

Do you have a student discount?

하다 너 가지고 있다 하나의 학생 할인?

각세에 와리 비키 와 아리 마스카? **일**

学生 割引 は あり ますか?

학생 할인 은 있음 합니까?

꺼 쟘 쟈 쩌 씬 ⱽ비엔 콤? **베**

Có giảm giá cho sinh viên không?

있다 할인하다 ~에게 학생 부정?

미 라카 피셋 쌈라압 낙 리안 마이 크랍? **태**

มี ราคา พิเศษ สำหรับ นักเรียน ไหม ครับ?

있다 가격 특별하다 ~위해서 학생 의문 요?

쉬에 셩ʳ 여우 여우 후이 마? **중**

xué sheng yǒu yōu huì ma?

学生 有 优惠 吗?

학생 있다 혜택 의문?

319